GOLDMANN SCHOTT

Taschen-Partitur

Johannes Brahms

SINFONIE NR. 3

F-Dur, op. 90

Taschenpartitur

Einführung und Analyse
von Christian Martin Schmidt

Originalausgabe

Wilhelm Goldmann Verlag

Musikverlag B. SCHOTT'S Söhne

Made in Germany 2/81 · 1. Auflage · 116

Umschlaggestaltung: Atelier Adolf & Angelika Bachmann, München
unter Verwendung eines Grundentwurfs
von Heinz-Jürgen Kropp, Mainz
Satz und Druck: Presse-Druck Augsburg
Verlagsnummer: 33032
Lektorat: Lothar Friedrich/Norbert Henning (Schott-Verlag)/Gerda Weiss
Herstellung: Gisela Ernst
ISBN: 3-442-33032-5

Inhalt

Partitur

Johannes Brahms (1833—1897)

Sinfonie Nr. 3

Opus 90

I

Fl.
Ob.
Cl. (B)
Fg.
Cfg.
(C) Cor. (F)
Tr. (F)
Trb.
Timp.
Vl. I
Vl. II
Vla.
Vlc.
Cb.
a2
sf
cresc.

10
Fl.
a2
Ob.
a2
Cl.
(B)
Fg.
Cfg.
(C)
Cor.
(F)
a2
a2
Tr.
(F)
Vl.I
Vl.II
Vla.
Vlc.
Cb.
10

* Die »Studierbuchstaben« dienen für Orchestermusiker und Dirigenten zur Orientierung während der Proben.

20
a2
Fl.
Ob.
Cl. (B)
Fg.
Cfg.
(C) Cor. (F)
Tr. (F)
Trb.
Vl.I
Vl.II
Vla.
Vlc.
Cb.
20

B
25
1.
Fl.
p
p dolce
Ob.
Cl.
(B)
Fg.
(C)
Cor.
(F)
Tr.
(F)
B
Vl. I
fp
dolce
Vl. II
Vla.
Vlc.
pizz.
Cb.
25

30
Fl.
Ob.
Cl.
(B)
Fg.
1.
(C)
Cor.
(F)
Vl.I
Vl.II
Vla.
pizz.
Vlc.
Cb.
30

Fl.
Ob.
Cl. (B)
Fg.
(C) Cor. (F)
Vl. I
Vl. II
Vla.
Vlc.
1.
2.
3.
più p
mutano in La(A)
arco
35
Fl.
Cl. (A)
Fg.
Vla.
Vlc.
Cb.
1. mezza voce
p grazioso
pp
pizz.
(pizz.)
p
pp

Fl.
Ob.
Cl. (A)
Fg.
Cor. (F)
Vl. I
Vl. II
Vla.
Vlc.
Cb.
1. m.v.
p grazioso
dolce
3.4.
m.v.
40
C
pizz.
div.
45

Fl.
Ob.
Cl. (A)
Fg
Vl. I
Vl. II
Vla.
Vlc.
Cb.
mutano in Sib(B)
arco
mp espr.
dim.
pizz.
p
Cl. (B)
Cor. (F)
1.
2.
3.
a 2
p legg.
dolce
div.
p dolce
pp
50

Fl.
Ob.
Cl. (B)
Fg.
Cor. (C)
Vl. I
Vl. II
Vla.
Vlc.
Cb.
Vlc. e Cb.
a 2
plegg.
1.
1. 2.
arco
cresc.
55
p

D
60
Fl.
Ob.
Cl. (B)
Fg.
Cor.
(C)
(F)
Vl.I
Vl.II
Vla.
Vlc.
Cb.
p legg.
cresc.
60

Fl.
Ob.
Cl. (B)
Fg.
(C)
Cor.
(F)
Vl. I
Vl. II
Vla.
Vlc.
Cb.
a 2
65
1.
a 2.
f
ff
cresc.
sf
mf

a 2
Fl.
Ob.
Cl. (B)
Fg.
(C)
Cor.
(F)
Trb.
Vl. I
Vl. II
Vla.
Vlc.
Cb.

70
1.
Fl.
Ob.
Cl. (B)
a 2
Fg.
Cor. (F)
Tr. (F)
Trb.
Vl. I
Vl. II
Vla.
Vlc.
Cb.
70

2.
a 2
Fl.
Ob.
Cl. (B)
Fg.
(C)
Cor.
(F)
Tr. (F)
Vl.I
Vl.II
Vla.
Vlc.
Cb.
più f
ff

75
a 2
a 2
E
Fl.
Ob.
Cl. (B)
Fg.
a 2
f agitato
(C)
Cor.
(F)
Tr. (F)
E
Vl. I
div.
f
Vl. II
f
Vla.
f agitato
Vlc.
f agitato
Cb.
f
75

a 2
Fg.
Vl. I
Vl. II
Vla.
Vlc.
Cb.
ben marc.
ben marc.
ben marc.
ben marc.
80
Fl.
Ob.
Cl. (B)
Fg.
Vl. I
Vl. II
Vla.
Vlc.
Cb.
f
f
f
fagitato
cresc.
cresc.
cresc.
cresc.
cresc.
85

Fl.
Ob.
Cl. (B)
Fg.
Vl. I
Vl. II
Vla.
Vlc.
Cb.
F
f
mf
a2
1.
dim.
Cor. (C) (F)
90

Fl.
Ob.
Cl. (B)
Fg.
Cor. (C)
Vl. I
Vl. II
Vla.
Vlc.
Cb.
1.
1.2.
p
dim.
95
Cl. (B)
Fg.
Cfg.
Cor. (C)
Vl. I
Vl. II
Vla.
Vlc.
Cb.
G
1.
espress.
f
100

Ob.
Fg.
Cfg.
Cor. (C)
Vl. I
Vl. II
Vla.
Vlc.
Cb.
1.
espr.
p
f
cresc.
105
poco rit.
dim.
p dim.
110

H
Un poco sostenuto
115
Fl.
Ob.
Cl. (B)
Fg.
Cfg.
Cor. (C)
Vl. I
Vl. II
Vla.
Vlc.
Cb.
1.
1. 2.
pp sempre
H
Un poco sostenuto
115

rit.
1.
Fl.
Cl. (B)
Fg.
Cfg.
cresc.
3. 4.
Cor. (F)
pp
Trb.
Timp.
tr
pp cresc.
Vl. I
Vl. II
Vla.
Vlc.
Cb.

Tempo I.
120
125
Fl.
Ob.
Cl. (B)
Fg.
Cfg.
(C) Cor. (F)
Tr. (F)
a2
Trb.
Timp.
tr
Tempo I.
Vl. I
Vl. II
Vla.
Vlc.
Cb.
120
125

Fl.
Ob.
Cl. (B)
Fg.
Cfg.
Cor. (C)
Trb.
Timp.
Vl. I
Vl. II
Vla.
Vlc.
Cb.
a 2
1. 2.
tr
sf
f

130
a2
Fl.
Ob.
Cl.
(B)
f
marc.
Fg.
Cfg.
(C)
Cor.
(F)
f marc.
Tr.
(F)
Vl. I
cresc.
Vl. II
Vla.
Vlc.
Cb.
130

J
135
Fl.
Ob.
Cl. (B)
Fg.
Cfg.
(C)
Cor.
(F)
Tr. (F)
Vl. I
Vl. II
Vla.
Vlc.
Cb.
espress.
135

140
Fl.
Ob.
Cl. (B)
Fg.
(C)
Cor.
(F)
1.
3.
Vl. I
Vl. II
Vla.
Vlc.
Cb.
p dolce
legg.
pizz.
p
140

145
Fl.
Ob.
mutano in La(A)
Cl.
(B)
1.
Fg.
più p
(C)
Cor.
(F)
Vl. I
Vl. II
Vla.
Vlc.
Cb.
145

Fl.
Ob.
Cl. (A)
Fg.
Cor. (F)
Vl. I
Vl. II
Vla.
Vlc.
Cb.
sotto voce
grazioso
dolce
pizz.
div.
div. pizz.
150

Fl.
Ob.
Cl. (A)
Fg.
Vl. I
Vl. II
Vla.
Vlc.
155
arco
mp espress.
mutano in Si♭ (B)
dim.
Fl.
Ob.
Cl. (B)
Fg.
(C) Cor. (F)
Vl. I
Vl. II
Vla.
Vlc.
p dolce
p legg.
legg.
pizz.
pp
p
160

Fl.
Ob.
Cl. (B)
Fg.
Cor. (C)
Tr. (F)
Vl. I
Vl. II
Vla.
Vlc.
Cb.
cresc.
165
p
1.
1. 2.
a 2
arco

K
Fl.
Ob.
Cl.
(B)
a 2
Fg.
1. 2.
1.
Cor.
(C)
a 2
Tr.
(F)
Vl. I
Vl. II
Vla.
Vlc.
Cb.
f
p
fp
legg.

170
Fl.
Ob.
Cl. (B)
Fg.
Cor. (C)
Vl. I
Vl. II
Vla.
Vlc.
Cb.
1.
cresc.
f
p legg.
3
170

a 2
175
Fl.
ff
a 2
Ob.
ff
Cl.
(B)
ff
a 2
Fg.
ff
(C)
Cor.
(F)
f
Tr.
(F)
f
Vl. I
sf
f
sf
f
sf
Vl. II
sf
f
sf
f
sf
Vla.
sf
f
sf
f
sf
Vlc.
sf
f
sf
f
sf
Cb.
sf
f
sf
175
f
sf

Fl.
Ob.
Cl. (B)
Fg.
(C)
Cor.
(F)
Tr. (F)
Trb.
Vl. I
Vl. II
Vla.
Vlc.
Cb.
a 2
f
sf
ff

180
Fl.
Ob.
Cl. (B)
Fg.
a 2
Cfg.
(C)
Cor.
(F)
Tr. (F)
Trb.
Timp.
tr
Vl. I
Vl. II
Vla.
Vlc.
Cb.
180
f
sf

185
L
Fl.
Ob.
Cl. (B)
Fg.
Cfg.
(C) Cor. (F)
Tr. (F)
Trb.
Timp.
Vl. I
Vl. II
Vla.
Vlc.
Cb.
sf
a 2
f marc.
marc.
tr
185

190
Fl.
Ob.
Cl. (B)
Fg
(C)
Cor.
(F)
Vl. I
Vl. II
Vla.
Vlc.
Cb.
a 2
più f
sf
f
cresc.
190

195
a 2
Fl.
Ob.
Cl. (B)
Fg.
Cfg.
(C)
Cor.
(F)
Tr. (F)
Trb.
Timp.
Vl.I
Vl.II
Vla.
Vlc.
Cb.
più f
195

200
a 2
a 2
Fl.
Ob.
Cl.
(B)
Fg.
Cfg.
(C)
Cor.
(F)
Tr.
(F)
Trb.
Timp.
Do(C) muta in Sib(B)
Vl.I
Vl.II
Vla.
Vlc.
Cb.
200

M
205
Fl.
Ob.
Cl.
(B)
Fg.
Cfg.
(C)
Cor.
(F)
Trb.
Timp.
M
Vl.I
div.
Vl.II
Vla.
Vlc.
Cb.
205

Cl. (B)
Fg.
Cor. (F)
3.4.
a 2
Vl.I
Vl.II
Vla.
Vlc.
Cb.
dim.
Ob.
1.
3.
4.
pp
p
210
215

Fl.
Ob.
Cl. (B)
Fg.
(C)
Cor.
(F)
Tr. (F)
Trb.
Timp.
Vl.I
Vl.II
Vla.
Vlc.
Cb.
p cresc.
p
cresc.
tr

220
Fl.
Ob.
Cl. (B)
Fg.
Cfg.
(C) Cor. (F)
Tr. (F)
Trb.
Timp.
Vl.I
Vl.II
Vla.
Vlc.
Cb.
fp
p
f
dim.
pizz.
arco
p dim.
tr
220

II

Andante
Flauti
Clarinetti in B Sib
espr. semplice
Fagotti
p semplice
Corni in C Do
Andante
Viola
div.
Violoncello
div.
Contrabasso
5
Fl.
Cl. (B)
Fg.
Cor. (C)
Vla.
Vlc.
Cb.
10

A
Fl.
Ob.
Cl.
(B)
Fg.
Cor.
(C)
1.
p
pp
A
Vla.
Vlc.
Cb.
15
Fl.
Cl.
(B)
Fg.
Cor.
(C)
Vla.
Vlc.
20

B
a 2
Fl.
Ob.
Cl. (B)
Fg.
Cor. (C)
B
Vl.II
unis.
Vla.
Vlc.
pizz.
Cb.
25
Fl.
Ob.
Cl. (B)
Fg.
Cor. (C)
Vl.I
Vl.II
Vla.
pizz.
arco
Vlc.
arco
Cb.

Fl.
Ob.
Cl. (B)
Fg.
Cor. (C)
Vl.I
Vl.II
Vla.
Vlc. e Cb.
30
1.
dim.
Vlc.
Cb.
35

C
Cl. (B)
Fg.
Vl. I
Vl. II
Vla.
Vlc.
Cb.
1.
p
espr. dolce
dolce
div.
40
Fl.
Ob.
Cor. (C)
p espr. dolce
dim.
unis.
45

Fl.
Cl. (B)
Fg.
Cor. (C)
Vl. I
Vl. II
Vla.
Vlc.
Cb.
a 2
pp semplice
50
Ob.
dim.
dolce
55

D
Fl.
Ob.
Cl. (B)
Fg.
Cor. (C)
Vl.I
Vl.II
Vla.
Vlc.
Cb.
1.
mf
cresc.
60
pf
poco f
65

a 2
Cl. (B)
Fg.
Cor. (C)
Vl.I
Vl.II
Vla.
Vlc.
Cb.
mf
dim.
p
mf cresc.
cresc.
70

Fl.
Ob.
Cl. (B)
Fg.
Cor. (C)
Vl.I
Vl.II
Vla.
Vlc.
Cb.
Vlc. e Cb.
mf cresc.
1. 2.
f
sf
75

E 80
Fl.
Ob.
Cl.
(B)
Fg.
Cor.
(C)
Trb.
E
Vl.I
Vl.II
Vla.
Vlc.
Cb.
1.
sf
p
p dolce
sfp
ff
fp
dim.
80

85
Fl.
Ob.
Fg.
Cor. (C)
Trb.
Vl.I
Vl.II
Vla.
Vlc.
Cb.
1.
espr. ma dolce
dolce
pp
pizz.
85

Fl.
1.
Ob.
dolce
Cl.
(B)
Fg.
Cor.
(C)
Trb.
Vl.I
Vl.II
Vla.
Vlc.
Cb.

Fl.
Ob.
Cl. (B)
Fg.
Cor. (C)
Vl. I
Vl. II
Vla.
Vlc.
Cb.
90
1.

Fl.
Ob.
Cl. (B)
Fg.
Cor. (C)
Vl. I
Vl. II
Vla.
Vlc.
Cb.
95
1.
pp
dim.
3
100

105
Fl.
Ob.
Cl. (B)
Fg.
Cor. (C)
Vl.I
Vl.II
Vla.
Vlc.
Cb.
1.
dim.
pizz.
arco
105

F
Fl.
1.
p cresc.
Ob.
1.
p cresc.
Cl.
(B)
p cresc. poco a poco
Fg.
pp
p cresc. poco a poco
Cor.
(C)
pp
1.
p cresc.
F
Vl.I
p cresc. poco a poco
Vl.II
p cresc. poco a poco
Vla.
div.
p cresc. poco a poco
Vlc.
arco
p cresc. poco a poco
Cb.
arco
p cresc. poco a poco

110
Fl.
Ob.
Cl.
(B)
Fg.
Cor.
(C)
Trb.
Vl.I
Vl.II
Vla.
Vlc.
Cb.
1.
a 2
f
unis.
div
3
110

115
Fl.
dim.
p
Ob.
dim.
p
Cl.
(B)
a 2
3
dim.
p
Fg.
1.
dim.
p
Cor.
(C)
dim.
p
Trb.
dim.
dim.
Vl.I
dim.
p
dolce
Vl.II
dim.
p dim.
dolce
Vla.
dim.
p dim.
dolce
Vlc.
dim.
p
Cb.
dim.
p
115

G
Fl.
Ob.
Cl. (B)
Fg.
Cor. (C)
Trb.
Vl.I
Vl.II
Vla.
Vlc.
Cb.
1.
dolce
mezza voce
p
p mezza voce
pp
pizz.
120
dim.
125

poco rit.
130
1.
Fl.
Ob.
Cl.
(B)
Fg.
Cor.
(C)
Trb.
p
più p
poco rit.
div.
Vl.I
Vl.II
Vla.
Vlc.
Cb.
unis.
arco
arco
130

III

Poco Allegretto

Fl.
Cl. (B)
Fg.
Vl.I
Vl.II
Vla.
Vlc.
Cb.
mezza voce
espress.
p
10
Cl. (B)
Fg.
Vl.I
Vl.II
Vla.
Vlc.
Cb.
15

Cl. (B)
Fg.
Vl.I
Vl.II
Vla.
Vlc.
Cb.
A
pp
dolce
20
25
30

Cl. (B)
Fg.
Vl.I
Vl.II
Vla.
Vlc.
Cb.
dim.
pp
dolce
35
2.
p

B
Fl.
Ob.
Cl. (B)
Fg.
Cor. (C)
Vl. I
Vl. II
Vla.
Vlc.
Cb.
1.
mp espr.
p
legg.
40
45

Fl.
Ob.
Cl. (B)
Fg.
Cor. (C)
Vl.I
Vl.II
Vla.
Vlc.
Cb.
1.
C
dolce
pizz.
50
arco
p dolce
55

D
Fl.
Ob.
Cl. (B)
Fg.
Cor. (C)
dolce
D
Vl.I
Vla.
Vlc.
p dolce
p
dolce
60
Fl.
Ob.
Cl. (B)
Fg.
Vl.I
Vl.II
Vla.
Vlc.
pp espr.
pp espr.
pp espr.
pp espr.
65
70

Vl. I
Vl. II
Vla.
Vlc.
Cb.
cresc.
arco
f
75
E
Fl.
Ob.
Cl. (B)
Fg.
Cor. (C)
1.
p
p dim.
dolce
80

Fl.
Ob.
Cl. (B)
Fg.
Cor. (C)
Vl. I
Vl. II
Vla.
Vlc.
dim.
85
90
lunga
pp dim.
95

F
Fl.
Cor. (C)
1.
p espr.
Vl. I
Vl. II
Vla.
Vlc.
Cb.
pp legg.
pizz.
p
pp
100
105

Fl.
Ob.
Cl. (B)
Fg.
Cor. (C)
Vl.I
Vl.II
Vla.
Vlc.
Cb.
1.
p espr.
dolce
p
arco
110
pizz.
115

Ob.
Cl. (B)
Fg.
Vl. I
Vl. II
Vla.
Vlc. e Cb.
1.
pizz.
120
G
dolce
Cor. (C)
pp
arco
125

Fl.
Cl. (B)
Fg.
Cor. (C)
Vl.I
Vl.II
Vla.
Vlc. e Cb.
1.
dim.
pp
dolce
p dim.
pp dolce
più p
130

Fl.
Cl. (B)
Fg.
Cor. (C)
Vl.I
Vl.II
Vla.
Vlc. e Cb.

Fl.
Cl. (B)
Fg.
Cor. (C)
Vl. I
Vla.
Vlc.
135
1.
p dim.
dim.
div.
mp espr.
arco
H
Ob.
Vl.II
Cb.
140

145
Fl.
Ob.
Cl. (B)
Fg.
Cor. (C)
Vl. I
Vl. II
Vla.
Vlc.
Cb.
145

J
150
a 2
Fl.
Ob.
Cl.
(B)
Fg.
Cor.
(C)
1.
p
Vl.I
Vl.II
Vla.
Vlc.
Cb.
dolce

155
160
Fl.
Ob.
Cl.
(B)
Fg.
Cor.
(C)
a 2
Vl.I
Vl.II
div.
Vla.
Vlc.
Cb.
arco
pizz.
pp
f
p

IV

Allegro
Fagotti
Violino I
Violino II
Viola
Violoncello
Contrabasso
p e sotto voce
p e sotto voce
p e sotto voce
p e sotto voce
p e sotto voce
p e sotto voce
Fg.
Vl. I
Vl. II
Vla.
Vlc.
Cb.
dim.
legg.
pp
pizz.
5

Fl.
Cl. (B)
Fg.
Vl. I
Vl. II
Vla.
Vlc.
Cb.
p mezza voce
p mezza voce
p mezza voce
10
1.
a 2
p
p
p
2da C
arco

Cl. (B)
Fg.
Vl. I
Vl. II
Vla.
Vlc.
Cb.
1.
pp
dim.
pizz.
15
A
Cfg.
Cor. (C)
Trb.
1.2.
pp
pizz.
arco
div.arco
20

B
25
30
a 2
pp
f
sf
div.
Fl.
Ob.
Cl.
(B)
Fg.
Cfg.
(C)
Cor.
(F)
Tr.
(F)
Trb.
Timp.
Vl. I
Vl. II
Vla.
Vlc.
Cb.

a 2
35
Fl.
Ob.
Cl. (B)
Fg.
Cfg.
Cor. (F)
3.4.
Timp.
tr
pp cresc.
Vl. I
Vl. II
Vla.
Vlc.
Cb.
35

40
a 2
Fl.
Ob.
Cl. (B)
Fg.
Cfg.
(C)
Cor.
(F)
a 2
Tr. (F)
f
cresc.
Vl. I
Vl. II
Vla.
Vlc.
Cb.
40

45
50
Fl.
Ob.
Cl. (B)
Fg.
Cfg.
(C)
Cor.
(F)
Tr. (F)
a 2
Vl. I
Vl. II
Vla.
Vlc.
Cb.
ff
f

C
Fg.
Cor. (C)
Vl. I
Vl. II
Vla.
Vlc.
Cb.
fp legg.
pizz.
55
Fl.
Ob.
p legg.
Vlc. e Cb.

60
D
Fl.
a 2
Ob.
a 2
Cl. (B)
Fg.
a 2
Cor. (F)
3. 4. a 2
D
Vl. I
Vl. II
Vla.
Vlc.
arco
Cb.
60

65
Fl.
Ob.
Cl. (B)
Fg.
a 2
Cor. (F)
3.4. a 2
Trb.
Vl. I
Vl. II
Vla.
Vlc.
Cb.

70
a 2
Fl.
Ob.
Cl. (B)
Fg.
Cfg.
(C)
Cor.
(F)
Tr. (F)
Trb.
Timp.
Vl.I
Vl.II
Vla.
Vlc.
Cb.
arco
70

75
E
a 2
Fl.
Ob.
Cl. (B)
Fg.
Cfg.
(C)
Cor.
(F)
a 2
a 2
Tr. (F)
a 2
E
Vl.I
Vl.II
Vla.
Vlc.
Cb.
ff
75

80
Fl.
Ob.
Cl.
(B)
Fg.
Cfg.
a 2
(C)
Cor.
(F)
Tr.
(F)
Trb.
Timp.
Vl.I
Vl.II
Vla.
Vlc.
Cb.
ff
80

85
Fl.
Ob.
Cl. (B)
Fg.
Cfg.
a 2
(C)
Cor.
(F)
Tr. (F)
Trb.
f
Vl.I
Vl.II
6
Vla.
Vlc.
Cb.
85

90
F
Fl.
Ob.
Cl.
(B)
Fg.
Cfg.
(C)
Cor.
(F)
Tr.
(F)
Trb.
Timp.
F
Vl. I
Vl. II
Vla.
Vlc.
Cb.
ben marc.
90

95
a 2
Fl.
Ob.
Cl. (B)
Fg.
Cfg.
(C)
Cor.
(F)
Tr. (F)
Vl. I
Vl. II
Vla.
Vlc.
Gb.
div.
pesante
sf
95

100
G
Fl.
Ob.
Cl. (B)
Fg.
Cfg.
(C)
Cor.
(F)
a 2
Tr. (F)
dim.
Vl. I
Vl. II
Vla.
Vlc.
Cb.
pizz.
div. pizz.
100

Fl.
Ob.
Cl. (B)
Fg.
Cfg.
Cor. (C)
Vl. I
Vl. II
Vla.
Vlc.
Cb.
1.
1. 2.
f
dim.
p
mf
unis.
105
Vlc. e Cb.
arco
110

Fl.
Ob.
Cl. (B)
Fg.
Cor. (F)
Vl. I
Vl. II
Vla.
Vlc. e Cb.
arco
arco
dim.
pp
115
120
Fg
dolce
125

Ob
Cl. (B)
Fg.
Vl. I
Vl. II
Vla.
Vlc.
Cb.
1.
pp
dim.
130
H
Fl.
marc.
135

140
a 2
Fl.
f
a 2
Ob
f
1.
a 2
Cl.
(B)
f
a 2
Fg.
f
2.
(C)
pp
Cor.
(F)
a 2
f
a 2
Tr.
(F)
f
Vl. I
f
Vl. II
f
Vla.
f
Vlc.
pp
marc.
f
Cb.
pp
marc.
140
f

Fl.
Ob.
Cl. (B)
Fg.
Cor. (F)
Tr. (F)
Vl. I
Vl. II
Vla.
Vlc.
Cb.
a2
145
più f sempre
3. 4. a2
sf

J
a2
150
Fl.
Ob.
Cl.
(B)
Fg.
Cfg.
(C)
Cor.
(F)
Tr.
(F)
Trb.
Vl. I
Vl. II
Vla.
Vlc.
Cb.
f ben marc.
ben marc.

155
Fl.
Ob.
Cl.
(B)
Fg.
Cfg.
(C)
Cor.
(F)
a 2
Tr.
(F)
a2
Trb.
Vl. I
Vl. II
Vla.
Vlc.
Cb.
155

Fl.
Ob.
Cl. (B)
a 2
Fg.
Cfg.
(C) Cor. (F)
a 2
a 2
Tr. (F)
Trb.
Vl. I
Vl. II
Vla.
Vlc.
Cb.
più f sempre
più f sempre
più f sempre

a2
160
Fl.
più f sempre
Ob.
più f sempre
Cl.
(B)
più f sempre
Fg.
più f sempre
Cfg.
più f sempre
(C)
Cor.
(F)
a2
più f sempre
Tr.
(F)
più f sempre
Trb.
più f sempre
Vl. I
Vl. II
Vla.
più f sempre
Vlc.
più f sempre
Cb.
160

Fl.
Ob.
Cl. (B)
Fg.
Cfg.
(C) Cor. (F)
a2
Tr. (F)
Trb.
Vl. I
Vl. II
Vla.
Vlc.
Cb.
più f sempre
più f sempre
più f sempre
più f sempre
più f sempre

165
Fl.
Ob.
Cl. (B)
Fg.
Cfg.
(C) Cor. (F)
a2
Tr. (F)
Trb.
Timp.
Vl. I
Vl. II
Vla.
Vlc.
Cb.
ff
165

170
Fl.
Ob.
Cl.
(B)
Fg.
Cfg.
(C)
Cor.
(F)
Tr.
(F)
Trb.
Timp.
Vl. I
Vl. II
Vla.
Vlc.
Cb.
ff
tr
170

K
175
Fl.
Ob.
Cl. (B)
Fg.
Cfg.
(C) Cor. (F)
Tr. (F)
Trb.
Timp.
tr
K
div.
Vl. I
Vl. II
Vla.
Vlc.
Cb.
ff
175

a 2
180
Fl.
Ob.
Cl.
(B)
Fg.
Cfg.
(C)
Cor.
(F)
Vl. I
Vl. II
Vla.
Vlc.
Cb.
180

185
Fl.
Ob.
Cl. (B)
a 2
Fg.
Cfg.
sf
sf
(C)
Cor.
(F)
a 2
a 2
Tr. (F)
f
div.
Vl. I
Vl. II
Vla.
Vlc.
Cb.
più f
185

190
Fl.
Ob.
Cl. (B)
Fg.
Cfg.
a 2
(C) Cor. (F)
Tr. (F)
Vl. I
Vl. II
Vla.
Vlc.
Cb.
ff
190

L
Fl.
Ob.
Cl. (B)
a 2
Fg.
fp
(C) Cor. (F)
1.
3.
f
Vl. I
Vla.
mf legg.
Vlc.
pizz
Cb.
p
195
Vl. II
pizz.
200

Fl.
Ob.
Cl. (B)
Fg.
Cor. (C)
Vl. I
Vl. II
Vla.
Vlc.
Cb.
a 2
1.
arco
205

Fl.
a 2
Ob.
a 2
Cl.
(B)
a 2
Fg.
a 2
1.2.a 2
Cor.
(C)
1.
Trb.
Vl.I
Vl.II
Vla.
Vlc.
Cb.

210
215
a 2
Fl.
Ob.
Cl. (B)
Fg.
Cfg.
(C) Cor. (F)
Tr. (F)
Trb.
Timp.
Vl.I
Vl.II
Vla.
Vlc.
Cb.
f
ff
tr
div.
arco
3

M
a 2
220
Fl.
Ob.
Cl.
(B)
a 2
Fg.
Cfg.
(C)
Cor.
(F)
Tr.
(F)
M
Vl.I
Vl.II
Vla.
Vlc.
Cb.
220

a 2
225
Fl.
Ob.
Cl. (B)
Fg.
Cfg.
(C)
Cor.
(F)
a 2
Tr. (F)
Trb.
Timp.
Vl.I
Vl.II
Vla.
Vlc.
Cb.
225

Fl.
Ob.
Cl. (B)
Fg.
Cfg.
(C) Cor. (F)
Tr. (F)
Trb.
Vl.I
Vl.II
Vla.
Vlc
Cb.
sf

230
a 2
Fl.
Ob.
Cl.
(B)
Fg.
Cfg.
(C)
Cor.
(F)
Tr.
(F)
Trb.
Timp.
Vl.I
Vl.II
Vla.
Vlc.
Cb.
230

Fg.
Cfg.
(C) Cor. (F)
Vl.I
Vl.II
Vla.
Vlc. e Cb.
sf
235
a 2
Fl.
Ob.
Cl. (B)
Fg.
Cfg.
(C) Cor. F)
Tr. (F)
Vl.I
Vl.II
Vla.
Vlc. e Cb.
ben marc.
240

245
Fl.
Ob.
Cl. (B)
Fg.
a2
Cfg.
(C) Cor. (F)
a 2
1.
Tr. (F)
Vl.I
Vl.II
Vla.
Vlc.
Cb.
sf
245

N
250
Fl.
Ob.
Cl.
(B)
Fg.
Cfg.
f
p dim.
dim.
1.
a 2
(C)
Cor.
(F)
fp
dim.
Tr.
(F)
N
pizz.
Vl.I
Vl.II
Vla.
Vlc.
Cb.
mf dim.
p
con sord.
arco
p
250

Fg.
1.
Cor. (C)
1.2.
pp
con sord.
pizz.
p
Vl. I
Vla.
Vlc.
Cb.
255
Ob.
1.
p dim.
Cl. (B)
1.
p dim.
Fg.
1.
p dim.
Cor. (F)
3.
p dim.
Vl. I
dim.
Vl. II
con sord.
pizz.
pp
Vla.
pizz.
pp
Vlc.
dim.
Cb.
dim.

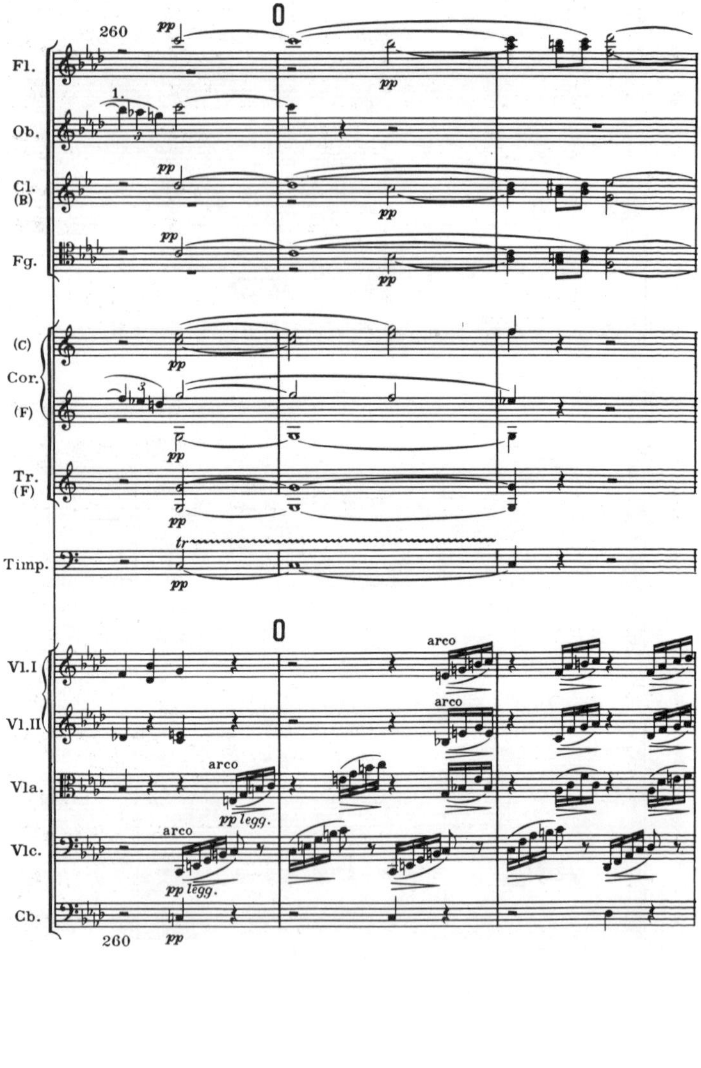
O
260
Fl.
Ob.
Cl. (B)
Fg.
(C) Cor. (F)
Tr. (F)
Timp.
Vl.I
Vl.II
Vla.
Vlc.
Cb.
pp
1.
tr
arco
pp legg.

Fl.
Cl. (B)
Fg.
Vl. I
Vl. II
Vla.
Vlc.
Cb.
Fl.
Ob.
a 2 espress.
Cl. (B)
Fg.
(C) Cor. (F)
Tr. (F)
Vl. I
Vl. II
Vla.
pizz.
Vlc.
Cb.
265

Un poco sostenuto
Fl.
a 2
Ob.
cresc.
Cl. (B)
Fg.
(C)
Cor.
(F)
Tr. (F)
Un poco sostenuto
Vl.I
Vl.II
Vla.
Vlc.
Cb.

270
Fl.
Ob.
Cl.
(B)
1.
(C)
Cor.
(F)
Tr.
(F)
Vl.I
Vl.II
Vla.
Vlc.
Cb.
dim.
arco
p espress.
270

Fl.
Ob.
Cl. (B)
Fg.
(C) Cor. (F)
Vl. I
Vl. II
Vla.
Vlc.
Cb.
più p
275
Fl.
Cl. (B)
Fg.
Cor. (C)
Trb.
Vl. I
Vl. II
Vla.
Vlc.
pp
dim.

280
a2
P
Ob.
dolce
Fg.
dolce
Cfg.
dolce
3. 4.
Cor. (F)
dolce
Tr. (F)
dolce
Trb.
p dolce
p dolce
P
Vl. I
pp
p
Vl. II
pp
p
Vla.
pp
p
Vlc.
dolce
Cb.
dolce
280

285
Ob.
Fg.
Cfg.
(C)
Cor.
(F)
Tr.
(F)
Trb.
Vl. I
Vl. II
Vla.
Vlc.
Cb.
cresc.
p cresc.
3
div.
285

Ob.
a 2
Fg.
Cfg.
(C)
Cor.
(F)
Tr.
(F)
a 2
Trb.
Vl. I
Vl. II
Vla.
Vlc.
Cb.

290
Fl.
Ob.
a2
Cl.
(B)
Fg.
Cfg.
(C)
Cor.
(F)
Tr.
(F)
Trb.
Vl. I
Vl. II
Vla.
Vlc.
Cb.
cresc.
290

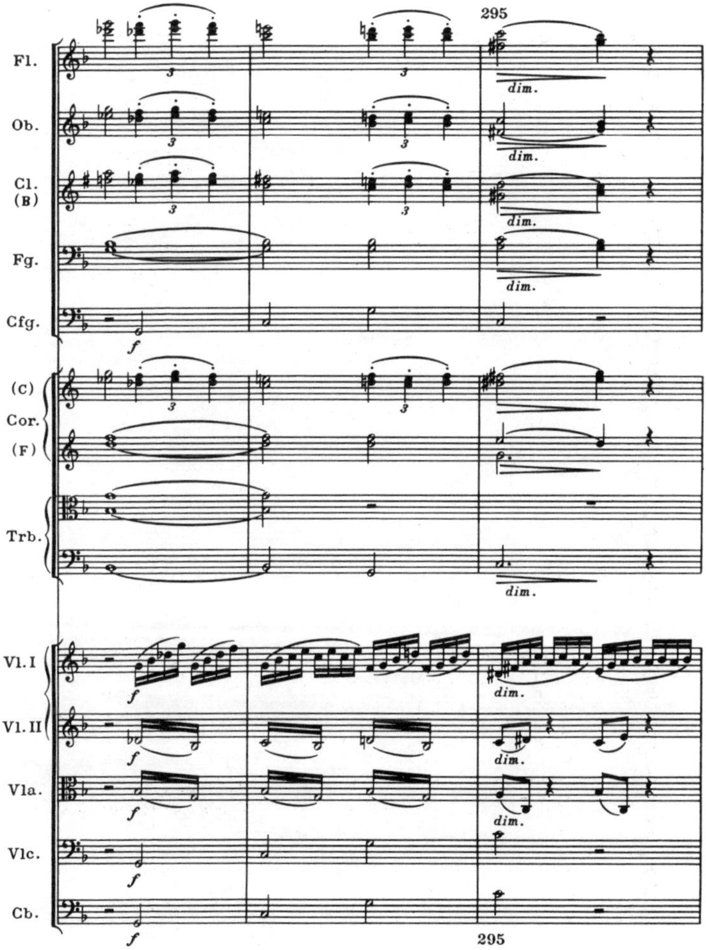
295
Fl.
Ob.
Cl. (B)
Fg.
Cfg.
(C) Cor. (F)
Trb.
Vl. I
Vl. II
Vla.
Vlc.
Cb.
dim.
f
295

Fl.
a2
p
Ob.
a2
p
Cl.
(B)
p
Fg.
p
(C)
Cor.
(F)
p
4.
p
Trb.
p
p
Vl.I
p
pp sempre
Vl.II
p
pp sempre
Vla.
p
pp sempre
Vlc.
p
Cb.
p

300
a 2
Fl.
Ob.
Cl.
(B)
Fg.
1.
(C)
Cor.
(F)
3.
Tr.
(F)
Trb.
Vl. I
Vl. II
Vla.
Vlc.
Cb.
p
300

305
Fl.
Ob.
Cl. (B)
Fg.
Cfg.
pp
(C) Cor. (F)
Tr. (F)
Trb.
pp
pp
Timp.
pp
pizz.
Vl.I
dim.
pizz.
Vl.II
pizz.
Vla.
dim.
pizz.
Vlc.
dim.
pizz.
Cb.
305

Einführung und Analyse

Zur Überlieferung des Notentextes

Der Notentext von Brahms' 3. Sinfonie F-Dur op. 90 bietet der musikalischen Textkritik im Grundsatz keinerlei Probleme. Die Überlieferung ist lückenlos, alle Hauptquellen sind zugänglich: Der vom Komponisten intendierte Notentext ist eindeutig.

Das ist in diesem Fall nun kaum darauf zurückzuführen, daß Brahms sich zwischen Abschluß der kompositorischen Arbeit bis zur Drucklegung der Partitur besonders viel Zeit gelassen hätte, um alle Detailfragen anläßlich von Aufführungen klären zu können. Zwar verging nach Vollendung der Sinfonie im Sommer 1883 und dem Erscheinen des Originaldruckes im März 1884 mehr als ein halbes Jahr, Gelegenheit aber, den Notentext unter Berücksichtigung der praktischen Realisierung zu überprüfen, hatte Brahms kaum; die Uraufführung fand am 2. Dezember 1883 statt und die erste Aufführung, die Brahms selbst dirigierte, sogar erst am 28. Januar 1884.

Der Originaldruck war unter diesen Umständen auch recht fehlerhaft[1]; Brahms' Handexemplar weist zahlreiche Korrekturen auf. Diese Fehlerhaftigkeit mag darauf zurückzuführen sein, daß aller Wahrscheinlichkeit nach das Autograph der Partitur nicht Stichvorlage für den Druck war. Für diese Annahme spricht zum einen, daß im Autograph weder Anweisungen des Komponisten an den Stecher noch Eintragungen von seiten der Stecherei enthalten sind; zum anderen deutet die Tatsache, daß Brahms zunächst im Besitz des Autographs blieb, darauf hin, daß neben diesem eine Abschrift, wahrscheinlich von Hand eines Kopisten, existiert hat[2].

Sicher ist, daß der Zustand der Erstausgabe den Verlag nicht zur Ruhe kommen ließ; von einer Revision, die Robert Keller[3] durchge-

[1] Sicherlich trug diese Erfahrung dazu bei, daß Brahms bei der 4. Sinfonie mehr als ein Jahr bis zum Druck verstreichen ließ; das Ergebnis: eine nahezu fehlerfreie Erstausgabe.

[2] Es war im 19. Jahrhundert ein durchaus übliches Verfahren, einen Kopisten die Abschrift herstellen zu lassen, die dann als »Stichvorlage« für den Notenstich diente. Die Stichvorlage – Autograph oder Kopistenabschrift – blieb im Besitz des Verlages.

[3] Robert Keller war musikalischer Berater und Mitarbeiter des Verlagshauses Simrock. Er besorgte unter anderem auch den vierhändigen Klavierauszug der 3. Sinfonie.

führt hatte, erhielt Brahms Kenntnis. Am 18. August 1884 (?)[4] schreibt er seinem Verleger Fritz Simrock[5]: *Daß Keller die dritte Symphonie nachträglich so gründlich revidiert hat, haben Sie wohl gehört? Es könnte sich wirklich empfehlen, ein Druckfehler-Verzeichnis auszugeben – nachzuliefern. Wie denken Sie darüber!* Die Reaktion des Verlages kam prompt: Schon im September 1884 lieferte er einen vierseitigen Korrekturbogen aus, der Verbesserungen von Stichfehlern in Partitur und Stimmen enthielt. Und kurz danach – wann genau, ist nicht bekannt – erschien die verbesserte Neuausgabe der Partitur; sie weist keine nennenswerten Fehler auf.

Die 1926 von Hans Gál im Rahmen der Brahms-Gesamtausgabe[6] edierte Ausgabe der Sinfonie berücksichtigt als Quellen (vgl. das Verzeichnis unten) das Autograph der Partitur (A), Brahms' Handexemplar des Originaldrucks (C^{HE}) und die verbesserte Neuausgabe des Originaldrucks (E). Sie unterstreicht – zwar nicht durch den Notentext, der kaum Kritik herausfordert, wohl aber durch die Lückenhaftigkeit der herangezogenen Quellen – die Notwendigkeit einer kritischen Gesamtausgabe der Werke von Johannes Brahms.

Die bis 1950 veröffentlichten Taschenpartituren der 3. Sinfonie – danach erschienen in verschiedenen Ländern zahlreiche Ausgaben, die hier nicht alle berücksichtigt werden können – bilden hinsichtlich der Quellenabhängigkeit einen eigenen Zusammenhang; sie sind im Gegensatz zu den Taschenpartituren etwa der 4. Sinfonie einigermaßen fehlerfrei. Die erste erschien um 1900 bei Ernst Eulenburg unter Nr. 27 der Sinfonien; sie war eine lizenzierte Ausgabe des Simrock-Verlages und trug noch dessen Plattennummer 11362, ihre Produktionsvorlage war also wohl noch dort hergestellt. Nach Ablauf der Copyright-Frist Mitte der zwanziger Jahre brachte der Eulenburg-Verlag eine völlig neue Ausgabe heraus, die bis heute unter Nr. 427 fast unverändert im

[4] Sehr häufig sind die Briefe von Brahms undatiert; die im folgenden mit eingeklammerten Fragezeichen versehenen Daten sind – zumeist vom Herausgeber der jeweiligen Briefausgabe – lediglich erschlossen.

[5] *Johannes Brahms Briefe an Fritz Simrock,* hrsg. von Max Kalbeck, Bd. III = *Johannes Brahms Briefwechsel,* Bd. XI, Berlin 1919, S. 64; Fritz Simrock (1838–1901), der das Verlagshaus 1870 von Bonn nach Berlin verlegt hatte, war seit 1868 nahezu alleiniger Verleger von Brahms, auch wenn dieser stets seine Unabhängigkeit betont hat (vgl. S. 159ff.).

[6] *Johannes Brahms Sämtliche Werke* Ausgabe der Gesellschaft der Musikfreunde in Wien, Bd. 2: Symphonien für Orchester II. hrsg. von Hans Gál, Wien 1926, S. 1–86. Photolithographischer Nachdruck Ann Arbor 1949

Handel ist. Auf sie hauptsächlich stützt sich die Philharmonia-Partitur No. 132, die 1929 mit einem Vorwort von Karl Geiringer erschien.

Der hier vorgelegte Notentext übernimmt zwar insgesamt den der Philharmonia-Partitur; nach eingehendem Vergleich mit den unten genannten Quellen A und E sind jedoch etliche Stichfehler korrigiert worden.

Eine kritische Ausgabe der Werke von Brahms hätte bei der 3. Sinfonie folgende Quellen zu berücksichtigen.

Primärquellen

A Autograph der Partitur
Library of Congress, Washington

Diese Quelle ist zugänglich in einer allerdings nicht im Handel erschienenen Faksimile-Ausgabe, die vier Brahms-Autographe der Library of Congress enthält: *Johannes Brahms: variations and fugue on a theme by Handel opus 24; variations for piano four hands opus 23; arrangement from the sextet opus 18, the composer's arrangement for piano solo of the second movement, theme and variations; symphony No. 3 opus 90,* New York 1967.

Wie die Widmung auf dem Titelblatt des Autographs belegt, machte Brahms es sieben Jahre nach Entstehung der Sinfonie Hans von Bülow[7] zum Geschenk: *Seinem herzlich geliebten Hans v. Bülow in treuer Freundschaft. Johs. Brahms. Wien, 8. Januar 1890.*

Ein weiterer Vermerk auf dem Titelblatt wurde nach dem Tode Bülows eingetragen: *Dieses Autograph ist Eigentum der Witwe Hans v. Bülow's zur Aufbewahrung erhalten 8/9 11 K.* Möglicherweise ist mit K. der Nachname des Brahms-Biographen Max Kalbeck[8] abgekürzt.

[7] Hans von Bülow (1830–1894) war einer der bedeutendsten Dirigenten der zweiten Hälfte des 19. Jahrhunderts. So leitete er 1865 die Uraufführung von Wagners *Tristan und Isolde* und 1868 die der *Meistersinger*. Später – nach der vor allem auf Persönlichem beruhenden Entfremdung von Wagner – setzte er sich entschieden für die Kompositionen von Brahms ein.

[8] Max Kalbeck (1850–1921), seit etwa 1880 einer der führenden Musikjournalisten in Wien, war ein heftiger Gegner der »neudeutschen« Schule Wagners, Bruckners und Hugo Wolfs und mit gleicher Intensität Anhänger von Brahms und seiner Musik. Er schrieb nicht nur die ausführlichste, allerdings recht einseitige Biographie über Brahms, sondern gab auch mehrere Bände des Briefwechsels heraus.

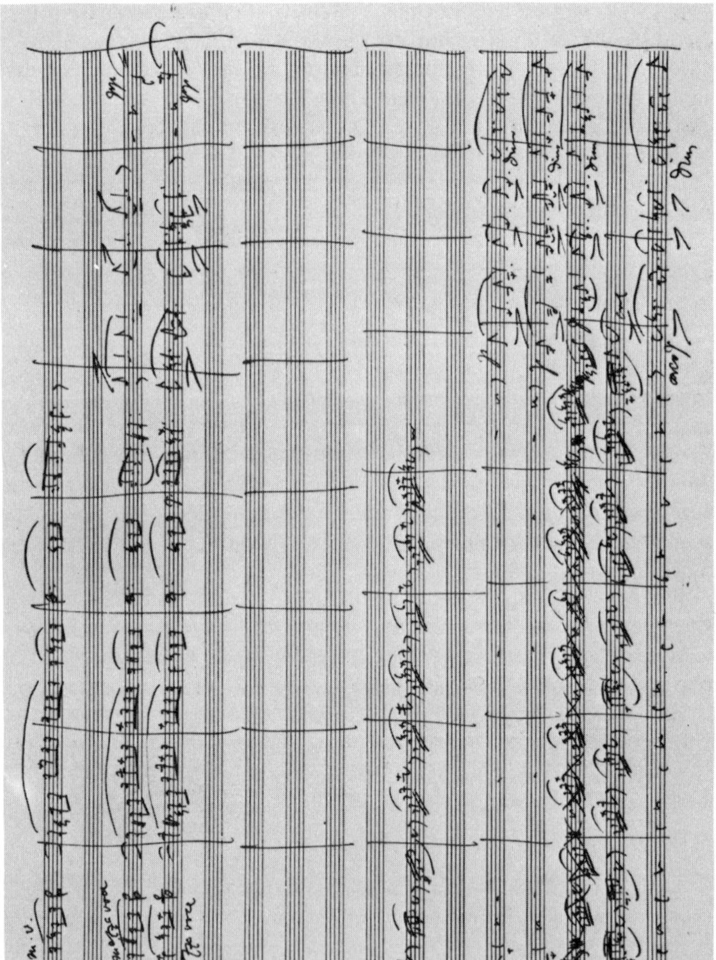

Autograph der Partitur (Quelle A): Zweite Seite des IV. Satzes

Sicher jedoch ist – das geht aus den Anmerkungen zur Edition der Gesamtausgabe hervor –, daß das Autograph 1926 im Besitz von Dr. Jerome Stonborough, Wien, war.

(B) Abschrift der Partitur, wahrscheinlich von Kopistenhand
Verschollen

C Originaldruck der Partitur[9]
Berlin: Simrock, März 1884 (Plattennummer 8454)

C^{HE} Brahms' Handexemplar des Originaldrucks
Im Besitz der Gesellschaft der Musikfreunde in Wien

Das Handexemplar weist zahlreiche Eintragungen und Korrekturen von Brahms' Hand auf.

D Korrekturbogen zum Originaldruck der Partitur und der Stimmen
Berlin: Simrock, September 1884

E Verbesserte zweite Auflage des Originaldrucks
Berlin: Simrock (Platten wie C)

Sekundärquellen

F Autograph der Bearbeitung für zwei Klaviere zu vier Händen
Library of Congress, Washington

G Originaldruck der Bearbeitung für zwei Klaviere zu vier Händen
Berlin: Simrock, Februar 1884 (Plattennummer 8387)
Dazu die gesonderte Ausgabe der Stimme des II. Klaviers
Berlin: Simrock (Plattennummer 8444)[10]

H Originaldruck der Orchesterstimmen
Berlin: Simrock (Plattennummer 8455)

Probeabzüge wurden bereits im Dezember 1883 angefertigt.

[9] vgl. zu den Originaldrucken Kurt Hofmann: *Die Erstdrucke der Werke von Johannes Brahms = Musikbibliographische Arbeiten,* hrsg. von Rudolf Elvers, Bd. 2, Tutzing 1975; zur 3. Sinfonie S. 190–191

[10] vgl. den Briefwechsel über das Entstehen dieser gesonderten Ausgabe, siehe S. 164f.

Erste Notenseite des Originaldrucks der Partitur (Quelle C)

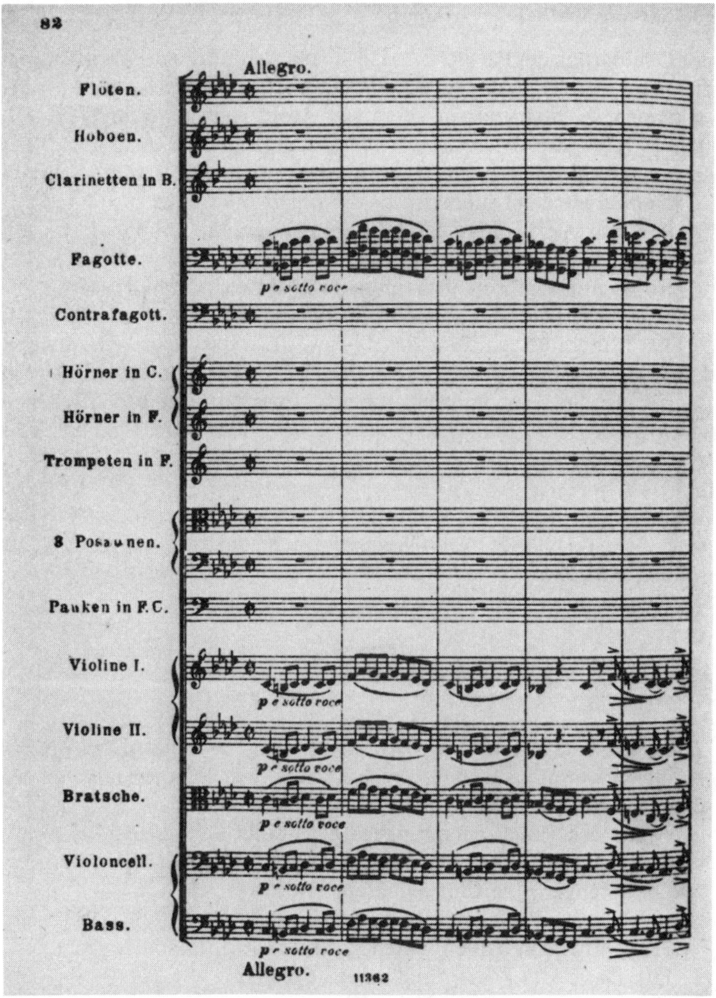

Erste Taschenpartitur-Ausgabe: Erste Seite des IV. Satzes

Bemerkenswerte Textvarianten

Das Autograph der Partitur (A) läßt an mehreren Stellen eine ursprüngliche, mit dem endgültigen Notentext nicht übereinstimmende Fassung erkennen; wichtig sind vor allem vier Arten von Abweichungen:

1. Das Autograph bietet eine andere, unkorrigierte Fassung;
2. die ursprüngliche Fassung ist – zumeist mit einem anderen Schreibmaterial als die Tintenschrift – korrigiert bzw. ergänzt;
3. die Lesart der Endfassung fehlt im Autograph;
4. die ursprüngliche Fassung ist gestrichen, d. h. getilgt.

Die wichtigsten, von der Endfassung abweichenden Passagen der ursprünglichen Version seien im folgenden aufgeführt.

Die Tempoüberschriften des I. bzw. II. Satzes lauteten zunächst *Allegro vivace* bzw. *Andante con moto.* Am 9. Februar 1884 (?) jedoch schrieb Brahms an Simrock[11]: *Beim ersten Satz können Sie gleich Allegro con brio (statt vivace) setzen; beim 2ten bloß Andante.* Das Autograph ist entsprechend korrigiert.

I. Satz, T. 13, T. 19–21: Kontrafagott ist ergänzt.
T. 36–46, T. 149–155: Der Wechsel der Klarinetten von B zu A ist spätere Korrektur.
T. 52: Die Figur des I. Fagotts lautete ursprünglich:

T. 64 (und entsprechend 68, 69, 173, 177, 178): Die letzten Schritte des Aufgangs waren ursprünglich nicht chromatisch, sondern lauteten cis-dis-e; die Korrektur tilgte den chromatischen Durchgang d im 1. Triolenviertel des Taktes (ursprünglich h-cis-d mit Fortsetzung dis-e etc.) und ermöglichte so durch die Einschiebung von d im letzten Triolenviertel die durchgehende Chromatik am Ende.
T. 105–107: Kontrafagott ist ergänzt.
T. 113: Die ersten beiden Noten des Kontrafagotts sind ergänzt.
T. 120: Das F der Pauke fehlt im Autograph.

[11] *Briefwechsel* XI, S. 47

T. 131: Der Part des III. Horns lautete ursprünglich:

T. 187–191: Die endgültige Fassung der Hörner ist Korrekturergebnis innerhalb des Autographs; die ursprüngliche Fassung ist nur unvollständig zu erkennen.
T. 207–208: Rhythmische Führung der Hörner bis T. 208, 6. Achtel, wie zuvor in Synkopen.
T. 212: Viola und Violoncello lauteten ursprünglich:

T. 222–223: Bei den Posaunen schon hier Akkorde wie in T. 224.

II. Satz: Die ursprüngliche Fassung des Satzes weist einen Einsatz für zwei Trompeten in C und einige Passagen auf, in denen Pauke in C bzw. Kontrafagott spielen; Pauke, Trompeten und Kontrafagott fehlen in der Endfassung des II. Satzes.
T. 80–83: Durchgehender Paukenwirbel, der T. 80, 2. Viertel *sfpp* einsetzt.
T. 85–86: Part der 2 Trompeten:

T. 120–128: Die Pauke spielt *staccato* und *p* den gleichen Part wie die Kontrabässe; lediglich auf dem 1. Viertel von T. 128 fügt sie einen Schlag hinzu.
T. 128–129: Kontrafagott:

T. 134: Ganze Note c im Kontrafagott und als Paukenwirbel.

III. Satz, T. 52: In Violine I und Viola statt der ersten Achtelnote eine Achtelpause.
T. 98: Part der Hörner ist spätere Ergänzung.
T. 118–121: Viola ist ergänzt.

IV. Satz, T. 8–13 bzw. 260–265: Das Autograph weist eine Korrektur in den Stimmen der Viola bzw. der I./II. Violine und Viola auf, in der die Figuren um einen Ton erweitert sind und – wie beim Violoncello – in einer Achtelnote auslaufen[12]. Die Endfassung entspricht der ursprünglichen Fassung, sie verwirft also die Korrektur. Auf diese Passage dürfte sich Brahms in den Briefen vom 29. März 1884 (?) bzw. 3. April 1884 (?) an Simrock beziehen[13]: *Das Überklebte in den ersten Quartettstimmen gilt nicht – ich werde es in der Partitur korrigieren.* und *Das in den Stimmen Überklebte (im letzten Satz) gilt aber nicht.*
In diesem Satz liegen zahlreiche Instrumentationsretouchen vor, besonders Ergänzungen (T. 28 Cfg., T. 81 Timp., T. 91 Trb. Timp., T. 93–95 Fg., T. 157 3. Viertel – T. 158 1. Halbe Cor. (C), T. 160–164 Cor. (C), T. 192–193
Tr., T. 212–214 Tr., T. 233 Trb. Timp., T. 294–295 Cfg.).
Nach T. 34 ist im Autograph ein Takt gestrichen, der in den Klarinetten und Fagotten wie T. 35 lautet und in dem die anderen Stimmen (III./IV. Horn, Pauke, Streichquintett) das jeweilige c durchhalten.
T. 90: Beim 2. Viertel in allen betroffenen Stimmen b statt h (vgl. T. 232).
T. 206–207, 210–211: Violoncello durchgehend als Viertelnote mit anschließender Viertelpause.
T. 232: Beim 2. Viertel in allen betroffenen Stimmen es statt e (vgl. T. 90).
T. 267: *Un poco sostenuto* ist Ergänzung.
T. 267: In Klarinetten und Fagotten punktierte Halbe Noten.
T. 279: 3.–4. Viertel der Viola ursprünglich:

T. 309: Statt Viertelnote Ganze Note Paukenwirbel.

[12] vgl. das Faksimile S. 150
[13] *Briefwechsel* XI, S. 54 und 55

Zur Werkentstehung

Über die Entstehung der 3. Sinfonie ist so gut wie nichts bekannt. Alles, was wir wissen, sind Ort und Zeit der Fertigstellung: Wiesbaden, Geisbergstraße 19 bei Frau von Dewitz, wo Brahms den Sommer 1883 verbrachte.

Einem begeisterten und auf Wirkung bedachten Biographen wie Max Kalbeck konnte eine so dürre Feststellung freilich nicht genügen. Da seine ausschmückenden und zugleich interpretierenden Ausführungen zur Entstehung der Sinfonie häufig wiederholt werden und so auch die Rezeption des Werkes beeinflußt haben, soll hier kurz untersucht werden, inwieweit sie zutreffend sind.

Wir möchten die Behauptung wagen, so schreibt Kalbeck, [. . .] *daß der erste Satz in anderer Form schon in früher Zeit existierte*[14]. Sieht man einmal ganz davon ab, daß im I. Satz stilistisch nichts auf eine frühe Entstehung hindeutet, so sind auch Kalbecks Argumente dafür mehr als dürftig. Als Anhaltspunkt führt er einen Brief an, in dem Brahms am 15. September 1883 (?) an Simrock schreibt[15]: *Gott soll's Ihnen lohnen, und wenn ich etwa noch einmal Notenblätter aus meiner Jugendzeit finde, so will ich sie Ihnen auch schicken.* Daß sich diese Bemerkung auf die 3. Sinfonie oder gar deren I. Satz bezieht, ist durch nichts gestützt, es sei denn, man nähme das zeitliche Zusammentreffen jenes Briefes mit der Arbeit an der Sinfonie schon als Fingerzeig; ja, es ist sogar durchaus zweifelhaft, ob Brahms in seiner Äußerung überhaupt etwas Bestimmtes in der Zukunft anspricht. Fest steht dagegen, daß ein Bezugspunkt in der Vergangenheit vorgelegen haben muß; denn wenn Brahms vielleicht *noch einmal* Notenblätter aus der Jugendzeit findet und sie dann Simrock *auch* schicken will, so hat er solche schon zuvor einmal gefunden und an Simrock geschickt. Worauf er anspielt, ist wohl durch Hans Gal geklärt worden[16]; er weist darauf hin, daß in den langsamen Satz des Streichquintetts op. 88 eine Klavier-Sarabande eingegangen ist, die Brahms bereits im Februar 1855 komponiert hatte. Und op. 88,

[14] Max Kalbeck: *Johannes Brahms,* Bd. III 2. Halbband 1881–1885, Berlin ^{2}1913, S. 387
[15] *Briefwechsel* XI, S. 28–29
[16] Hans Gal: *Johannes Brahms Werk und Persönlichkeit,* Frankfurt 1961, S. 107–109

das der 3. Sinfonie unmittelbar voraufgehende Instrumentalwerk, erschien im November 1882 bei Simrock.

Kalbeck nimmt ferner an, *daß die Mittelsätze, die als ein mit dem Übrigen nur lose verknüpftes Ganze für sich zu betrachten sind, der Beschäftigung mit Goethes »Faust« ihr Dasein verdanken*[17]. Daß die Mittelsätze sehr wohl mit den Ecksätzen sogar überaus eng verknüpft sind, wird später gezeigt werden[18]. Damit ist jedoch noch nichts gegen Kalbecks Vermutung gesagt, daß die zwei Sätze aus Brahms' Arbeit an einer Musik zu Goethes *Faust* stammen, zu der ihn 1880 Franz Dingelstedt[19] angeregt hatte. Denn wenn Brahms solche mit anderer Absicht ausgearbeiteten Stücke überhaupt in den Zusammenhang einer Sinfonie aufgenommen hätte, so nur dann, wenn ihm die Verbindung und Vermittlung mit den anderen Sätzen gelungen wäre. Freilich spricht auch nicht viel für Kalbecks Hypothese, am ehesten noch die prägnanten Charaktere der beiden Sätze, die sie sehr wohl im Rahmen einer Bühnenmusik hätten bestehen lassen können.

Ganz und gar verstiegen schließlich hat Kalbeck sich mit der Behauptung, das Finale sei das Abbild der *Germania,* des Niederwalddenkmals von Johannes Schilling, das im Sommer 1883 nach sechsjähriger Bauzeit seiner Fertigstellung entgegenging. Zwar hat Brahms dieses Denkmal auf einem Ausflug von Wiesbaden aus besucht, vielleicht war er auch angetan davon, möglicherweise hat es sogar sein Komponieren beeinflußt – wo aber wäre diese Verbindung zu greifen oder zu belegen?

Kalbeck ergeht sich in einer wortreichen, deutschtümelnden und heute kaum mehr erträglichen Beschreibung des Denkmals und der patriotischen Gesinnung von Brahms und schließt unvermittelt daran den Satz an: *Davon singt das Finale der F-dur-Symphonie in mächtigen Tönen*[20].

Bei näherem Hinsehen also bleibt nicht viel von dem, was Kalbeck für den *geistigen Inhalt und romantischen Charakter* der Sinfonie hält: *die Fahrt aus dem Jugendland bis ins Reich des Mannes, vom Stromquell zur Mündung, ein ideales Geburtstagsfest des fünfzigjährigen deutschen Künstlers und Patrioten mit der Nachfeier am Niederwalddenkmal!*[21]

[17] Kalbeck *Brahms* III/2, S. 387
[18] vgl. S. 195ff.
[19] Franz Dingelstedt (1814–1881), gefeierter Leiter des Wiener Burgtheaters
[20] vgl. Kalbeck *Brahms* III/2, S. 384–385
[21] *Briefwechsel* XI, S. 29 Fußnote des Herausgebers Kalbeck

Tatsächlich war Brahms, der sich mit Äußerungen über noch nicht abgeschlossene Kompositionen immer sehr zurückhielt, in diesem Falle ganz besonders schweigsam. Auch Fritz Simrock ließ er – wohl selbst nach der Fertigstellung der neuen Sinfonie – noch im dunkeln. Die Briefe, die er dem Verleger vom September 1883 an schrieb, verschweigen mehr, als sie andeuten. Leider fehlen aus dieser Zeit alle Briefe in umgekehrter Richtung; vermutlich wäre hier eine aufschlußreiche Reihe von Dokumenten zu dem nicht immer spannungsfreien Verhältnis zwischen den beiden Männern zu verfolgen gewesen. Wahrscheinlich ist, daß Simrock sichere Kenntnis über die Vollendung der Sinfonie sogar von dritter Seite erhielt, denn die erste Erwähnung des Werkes in dem Briefwechsel zwischen beiden läßt darauf schließen, daß Simrock zuvor seinen Unmut über die Verschlossenheit Brahms' geäußert hatte; am 14. Oktober 1884 (?) schreibt der Komponist[22]:

> *Was schimpfen Sie denn auf eine arme Symphonie, die Sie gar nicht zu belästigen gedenkt, und auf einen armen Menschen, der gar nicht an Komponieren und Verlegen denkt!*

Zunächst behielt sich Brahms ausdrücklich vor, den Stich und die Rechte an dem Werk einem anderen Verlag zu überlassen; einstweilen ließ er nur die Streicherstimmen – zwar bei Simrock, aber auf eigene Rechnung – stechen[23]. Auch bei anderen Kompositionen hat Brahms sein Spiel um die Vergabe der Rechte mit Simrock getrieben – zumeist mit einem Augenzwinkern; sein Brief vom 23. Oktober 1883 (?) freilich, in dem er sehr deutlich wird, klingt eher ärgerlich[24].

> *Sie können sich doch wohl denken, daß Sie wegen der unnützen Symphonie nicht annähernd so viel unnütz geplagt werden wie ich! Und wie leicht haben Sie zu antworten! Sie wissen eben von nichts!*
>
> *Im Ernst denke ich – obgleich ich nicht mehr hoffe, daß sie dadurch besser wird – die Symphonie den Winter für mich zu behalten und etwa zum Frühling, wenn überhaupt, zu Röder*[25] *in Kost und Logis zu geben. Wie artig und leicht können Sie nun nach*

22 *Briefwechsel* XI, S. 31

23 vgl. dazu die Schreiben in *Briefwechsel* XI, S. 33 ff.

24 ebda. S. 34

25 Röder war der Name eines von Carl Gottlieb Röder (1812–1883) gegründeten Verlagshauses in Leipzig.

allen Seiten erwidern: Sie würden sofort melden, sobald die Symphonie für Sie nur irgend in Sicht wäre. Mehr kann von Ihnen ja niemand verlangen. Und nun sagen Sie mir eine bequeme Antwort, oder schreiben Sie auch für mich!

Die Situation gewann noch an Pikanterie, als nach der überaus erfolgreichen Uraufführung der Sinfonie am 2. Dezember 1883 in Wien sich ein dortiger Musikverleger zu Wort meldete[26]. In derselben Ausgabe der *Wiener Allgemeinen Zeitung,* in deren Feuilleton Max Kalbeck seinen – wie kaum anders zu erwarten – überaus lobreichen Aufsatz *Die F dur-Symphonie von Johannes Brahms* veröffentlichte, hatte Albert J. Gutmann einen offenen Brief abdrucken lassen, in dem er Brahms zehntausend Gulden[27] Honorar für die Sinfonie anbot, eine für die Zeit offenkundig sehr große Summe. Und Brahms konnte sich nicht enthalten, Simrock eigens auf dieses Angebot zu stoßen[28]: *Haben Sie Kalbeck bekommen und in derselben Nummer einen Brief von Gutmann nicht übersehen?* Und er wiederholte diesen Hinweis, als Simrock auf die Herausgabe eines Klavierauszuges drängte[29].

Warum soll ich mit dem Klavierauszug eilen? Einstweilen sind so hübsche Beschreibungen von der Symphonie da, daß ich mir nur durch die Herausgabe schadete! Und überhaupt, warum? Der Gutmannsche Brief schafft mir genug Kredit bei Juden und Christen.

Schließlich wendete sich jedoch alles – auch für den Verleger – zum Guten; davon legen die Neujahrsgrüße von Brahms zum Jahreswechsel 1883/84 Zeugnis ab, die er mit der Bitte um Zusendung der Rezensionen über die für den 4. Januar geplante Berliner Erstaufführung der Sinfonie verbindet[30].

Wenn am 4. meine Symphonie dran kommt, schicken Sie mir doch die gewiß sehr freundlichen Äußerungen Ihrer Weisen! Namentlich

[26] vgl. *Briefwechsel* XI, S. 42 Fußnote 1

[27] Der Gulden entsprach um diese Zeit in Österreich ⅔ Taler oder 2 Mark; Gutmann wollte für die Rechte an der Sinfonie also 5000 Mark mehr ausgeben, als Brahms dann mit 5000 Talern = 15 000 Mark von Simrock erhielt.

[28] Brief vom 8. Dezember 1883 (?); *Briefwechsel* XI, S. 42

[29] Brief vom 10. Dezember 1883 (?); *Briefwechsel* XI, S. 43

[30] Brief vom 31. Dezember 1883 (?); *Briefwechsel* XI, S. 45

Moszkowski![31] *Nun wünsche ich ein möglichst vergnügtes neues Jahr mit 9/7 Profit und allem möglichen Schönen.*

Für Ende Januar 1884 plante Brahms einen Aufenthalt in Berlin, um die 3. Sinfonie mit den Philharmonikern aufzuführen. Die Beilegung der leichten Verstimmung zwischen Komponist und Verleger kam also zur rechten Zeit, um die Berliner Tage, in denen Brahms ja im Hause Simrocks Quartier nehmen wollte und genommen hat, ungetrübt vergehen zu lassen. Im anschließenden Briefwechsel – und von nun an liegen auch wieder Briefe von Simrock vor – geht es außer um geplante Aufführungen hauptsächlich um den Druck der Fassung für zwei Klaviere und um das Honorar.

Simrock an Brahms[32]
Berlin, 1. Februar 1884

[. . .] *und zunächst freue ich mich, die Symphonie zu stechen. Wenn Sie in Leipzig sind*[33]*, erinnere ich noch einmal daran, daß Sie mir durch Herzogenberg das zweiklavierige Arrangement – nach der Aufführung – zusenden lassen. Ihre Freunde sollen bald ein gestochenes Exemplar dagegen empfangen. Das Übrige – Partitur und Stimmen – schicken Sie mir dann nach Beendigung Ihrer Tournee*[34] *– nicht wahr?*

Darauf antwortete Brahms im ersten Teil des folgenden Briefes.

Brahms an Simrock[35]
Leipzig, 9. Februar 1884 (?)

Wie gern spräche ich Ihnen recht behaglich und dankbar von meinen Berliner Tagen, und wie sie schön, und wie Sie alle gut und lieb waren! Aber woher nehmen und nicht stehlen – nämlich die Zeit! Heute abend fahre ich nach Köln – damit Sie gleich mehr wissen:

[31] Alexander Moszkowski (1851–1934), der als Musikjournalist in Berlin für verschiedene Blätter, so etwa für *Das Deutsche Montagsblatt* schrieb, war für seine oft bissige Berichterstattung bekannt.

[32] *Johannes Brahms und Fritz Simrock. Weg einer Freundschaft. Briefe des Verlegers an den Komponisten,* hrsg. von Kurt Stephenson, Hamburg 1961, S. 190

[33] Am 7. Februar dirigierte Brahms die 3. Sinfonie im Gewandhaus.

[34] vgl. die Antwort von Brahms

[35] *Briefwechsel* XI, S. 46–47

Fritz Simrock, Brahms' Verleger

u. a. 14 Düsseldorf, 27ten Amsterdam, 2. März Essen, 5ten Dresden, dann Frankfurt. Frau Schumann hat leider das Arrangement nicht geschickt. Sobald es aber kommt, werden Herzogenbergs es Ihnen gleich zuschicken. Beim ersten Satz können Sie gleich Allegro con brio (statt vivace) setzen; beim 2ten bloß Andante. Ich lasse es Ihnen zugehen, obwohl ich es lieber erst durchgesehen hätte, – jetzt wird es bei der Korrektur erst geschehen können.

Tatsächlich hatte Clara Schumann, wie sie am 11. Februar 1884 an Brahms schreibt, das Manuskript *vor einigen Tagen* [. . .] *an Herzogenbergs* geschickt[36]. Und Elisabet von Herzogenberg bestätigt am selben

[36] *Clara Schumann Johannes Brahms Briefe aus den Jahren 1853–1896,* hrsg. von Berthold Litzmann, Bd. 2 1872–1896, Leipzig 1927, S. 274

Tag im Brief an Brahms, daß sie dieses gerade – wohl an Simrock – aufgegeben habe: *Eben geht sie fort von uns, die liebe, liebe Symphonie!*[37]

Im zweiten Teil des Briefes vom 9. Februar geht Brahms nun auch auf die Honorarfrage ein.

> *Nun aber: Möchten Sie wohl die Güte haben,* [. . .] – *Mir aber doch endlich zu schreiben, wieviel ich Ihnen eigentlich schuldig bin?*[38] *Und was wollen Sie mir denn für die Symphonie schuldig sein? Das Gewöhnliche? Die Hälfte? Das Doppelte? Wenn Sie den goldenen Mittelweg nicht vorziehen – bin ich links*[39] *– will aber durchaus Ihrer besseren Einsicht nicht vorgreifen.*

Für die vorangegangenen Werke für Orchester mit entsprechenden Dimensionen hatte Brahms als Honorar bei den Konzerten (für Violine, op. 77, für Klavier, op. 83) je 3000 Taler = 9000 Mark von Simrock erhalten, bei den Sinfonien (der ersten, op. 68, und der zweiten, op. 73) je 5000 Taler = 15 000 Mark[40]. Über dieses Honorar ging der Verleger auch bei der 3. Sinfonie nicht hinaus; freilich ist der diesbezügliche Brief, der daneben noch einmal auf jenes Angebot von Gutmann anspielt, unverkennbar ein Rechtfertigungsversuch.

Simrock an Brahms[41]
Berlin, 11. Februar 1884

> *Mit der Honorarfrage könnten Sie mich in Verlegenheit setzen, wenn ich nicht wüßte, daß Sie überzeugt sind, wie ich – geschäftlich gesprochen – wenigstens ein ehrlicher Mensch zu sein glaube. Der ideelle Wert dieses – oder eines wahren Kunstwerkes überhaupt – läßt sich weder schätzen und noch viel weniger bezahlen. Was ich bezahlen kann und – bei Ihnen in erster Reihe und ernstlich nach*

37 *Johannes Brahms im Briefwechsel mit Heinrich und Elisabet von Herzogenberg,* hrsg. von Max Kalbeck, Bd. II = *Johannes Brahms Briefwechsel,* Bd. II, Berlin ^{4}1921, S. 20. Der Komponist Heinrich von Herzogenberg (1843–1900) und vor allem seine Frau Elisabet (1847–1892) gehörten zum engsten Freundeskreis von Brahms.

38 für den Druck der Stimmen

39 *links* meint auf der Seite des Solls, des Schuldners.

40 Auskunft über die an Brahms gezahlten Honorare gibt ein Verzeichnis in: *Simrock an Brahms,* S. 235–256.

41 *Simrock an Brahms,* S. 191–192

bestem Gewissen will – das ist der materielle, der geschäftliche Wert; eine Kapitalanlage, die sich, wie jede andere in anderen Geschäften, verzinsen soll. Wenn es Sie wirklich interessiert – woran ich zweifle – so will ich Ihnen gerne dieses Thema an der Hand meiner Erfahrungen weiter und verständlich, klar ausführen. Ich glaube nur, daß ich, wenn ich nicht Schwindel treiben will, mehr wie 5000 Taler für die Symphonie nicht zahlen darf. Ich zweifle nicht – und weiß – daß Ihnen bisweilen für solch ein Werk – oder ein ähnliches – höhere »Offerte« gemacht wurde und wohl noch wird. Die Gründe hierfür liegen nicht nur in dem Streben, überhaupt ein derartiges Werk von Ihnen zu haben und damit einen sonst vielleicht wenig »zierlichen« Verlagskatalog zu schmücken: sie fußen vor allem darauf, eine Verbindung, die für mich alles, was ich an persönlichem und geschäftlichem Stolz habe, in sich faßt, zu sprengen, wenigstens irgendwie einmal ein sichtbares Loch hineinzureißen. Mit solchen Manövern zu konkurrieren – das – mag ich offen gesagt nicht, und halte es weder Ihrer noch meines Gefühls für Sie – verzeihen Sie, daß ich das sage! – für nicht recht würdig. Aber Eines wollen Sie gütigst gelten lassen: ich zahle – und zwar stets mit ehrlicher Freude – das, was Sie verlangen und ich wünsche nur, daß ich dazu die unzähligsten Gelegenheiten hätte! –

Damit war die Honorarfrage – jedenfalls soweit der Briefwechsel erkennen läßt – erledigt. Thema ist nun vor allem die Besonderheit der Ausgabe für zwei Klaviere: die Tatsache nämlich, daß neben der »Partitur«-Ausgabe des Arrangements eine gesonderte Ausgabe für das »Pianoforte II« erschien. Brahms hat diese zusätzliche Stimmenausgabe selbst angeregt, Beleg für sein Bestreben, sein Werk auf möglichst einfache Weise der Öffentlichkeit zugänglich zu machen; am 14. Februar 1884 (?) schreibt er an Simrock[42]:

Es liegt nahe und würde wohl dem Publikum sehr angenehm sein, wenn Sie das Zweiklavier-Arrangement in Partitur herausgäben und außerdem das zweite Klavier einzeln!? Mir selbst ist es natürlich einerlei, aber überlegen Sie es doch. Das zweite Klavier ist besonders leicht; es kauft sich ja ungleich leichter; ich glaube, Sie tun dem Publikum einen großen Gefallen, man wird Sie freundlich finden

[42] *Briefwechsel* XI, S. 49–56

und sehr loben! 2 Partituren zu kaufen ist schwierig, und diesmal wie gesagt, ist es unnötig, weil das zweite Klavier sehr einfach ist.

Und erneut geht er in den Briefen vom 17. und 19. Februar 1884 (?) auf diesen Punkt ein:

Im Interesse des schwer besteuerten Publikums hoffe ich, daß Sie auf meinen neulichen Vortrag hören! Ich vergaß dabei, zu sagen, daß bei Herzogenbergs eine solche zweite Klavierstimme liegt, die Sie natürlich gleich benutzen können[43].
Sie übereilen es doch nicht mit der Herausgabe des Arrangements! Und überlegen wegen des zweiten Klaviers einzeln![44]

Simrock hatte Brahms' Vorschlag jedoch sofort akzeptiert, wie sein Brief vom 18. Februar zeigt[45].

Natürlich mache ich's, wie Sie wünschen und gebe zweites Piano extra; gestochen wird's, sobald die Partitur-Ausgabe gestochen ist und erste Korrektur gemacht ist, aus dieser: ist leichter für die Stecher. Erste Korrektur erhielt ich eben – geht gleich zu Keller[46].

Die »Partitur«-Ausgabe der Bearbeitung für zwei Klaviere erschien noch im Februar 1884; die Stimme des II. Klaviers kurz danach, auf jeden Fall – wie die Plattennummer ausweist – noch vor der Orchesterpartitur, die im März herauskam[47].

Im Zusammenhang mit der neuen, der 3. Sinfonie, genauer: mit ihrer Berliner Erstaufführung, muß noch auf ein Ereignis eingegangen werden, das für die Biographie von Brahms von hoher Bedeutung war. Es handelt sich auch hier um eine gestörte persönliche Beziehung, allerdings war sie von weit ernsterem Charakter als jene leichte, von Brahms fast künstlich heraufbeschworene Verstimmung zwischen ihm und Simrock. Und hier erscheint Brahms' Persönlichkeit in einem ganz anderen Licht: nicht eigensinnig, schroff und unkonziliant, sondern rücksichtsvoll und die Gefühle anderer bedenkend.

[43] ebda. S. 48
[44] ebda. S. 49
[45] *Simrock an Brahms,* S. 193
[46] Robert Keller stellte den Auszug für Klavier zu vier Händen her, später revidierte er auch die Partitur; vgl. S. 147f.
[47] vgl. S. 151 das Verzeichnis der Originaldrucke

Die innige Freundschaft zwischen Brahms und Joseph Joachim[48], die seit Anfang der fünfziger Jahre des 19. Jahrhunderts nahezu dreißig Jahre ungetrübt geblieben war, hatte 1881 eine abrupte Unterbrechung erfahren. Grund dafür war eine Krise in der Ehe Joachims, bei der Brahms Partei für Amalie[49] ergriff; er hielt die Beschuldigungen, die Joachim in seiner Eifersucht vor allem gegen Fritz Simrock richtete, für abwegig. So entfremdeten sich die beiden Freunde, und der Briefwechsel brach im Juni 1881 ab. Die Ehe Joachims wurde 1882 geschieden.

Schon im folgenden Jahr versuchte Brahms, wieder einen Weg zu dem ehemaligen Freund zu finden – freilich ohne seinen Standpunkt aufzugeben. Als äußerer Anlaß diente ihm das Angebot an Joachim, die neue Sinfonie als erster in Berlin aufzuführen[50] – ein Angebot, das Joachim zumindest als versöhnliche Geste empfinden mußte und auch empfunden hat.

Das Schreiben vom 30. Oktober 1883 (?)[51], mit dem Brahms den Briefwechsel wiedereröffnete, ist bislang nur in Fragmenten veröffentlicht worden. Im Brahms-Briefwechsel[52] fehlen aus Rücksicht auf die beteiligten Personen der zweite bis siebente Absatz; sie sind der Öffentlichkeit erst kürzlich durch Artur Holde in der amerikanischen

[48] Joseph Joachim (1831–1907) war einer der bedeutendsten Geiger seiner Zeit, trat aber auch als Dirigent und Komponist hervor. Er führte neben zahlreichen Kammermusikwerken auch Brahms' Violinkonzert op. 77, das ihm gewidmet ist, und das Doppelkonzert für Violine und Violoncello op. 102 zum ersten Mal auf; nicht nur beim Violin- und Doppelkonzert, sondern z. B. auch bei der 4. Sinfonie beriet er Brahms hinsichtlich der instrumentalen Technik der Streicher. Der Briefwechsel zwischen den beiden Künstlern gehört zu den wichtigsten Zeugnissen über ihr Verhältnis zur Umwelt und Musik.

[49] Amalie Joachim (geb. Schneeweiß, 1839–1898), die als Künstlerin unter dem Namen Amalie Weiß auftrat, war zunächst Opernsängerin (Alt), errang ihre größten Erfolge aber später als Liedsängerin.

[50] Joachim leitete in Berlin zusammen mit Ernst Rudorff (1840–1916) die zwölf Abonnements-Konzerte der Akademie der Künste, d. h. des Hochschulorchesters.

[51] Die Datierung dieses Briefes ist allerdings mehr als unsicher. Hier zeigt sich zum einen die generelle Datierungsproblematik der von Brahms geschriebenen Briefe, zum anderen freilich auch die mangelhafte Koordinierung zwischen den einzelnen Bänden des von der Deutschen Brahms-Gesellschaft herausgegebenen Briefwechsels. Das Schreiben an Joachim wird im *Briefwechsel* VI, S. 205 mit 30. Oktober angesetzt (Joachim antwortete am 3. November); dagegen ist der Brief an Fritz Simrock, in dem Brahms überhaupt erst die Adresse von Joachim erfragt, der also mit Sicherheit vor jenem Schreiben verfaßt worden ist, im *Briefwechsel* XI, S. 37 vom Herausgeber mit 7. November 1883 datiert.

[52] *Johannes Brahms im Briefwechsel mit Joseph Joachim,* hrsg. von Andreas Moser, Bd. II = *Johannes Brahms Briefwechsel,* Bd. VI, Berlin ^{2}1912, S. 205–206

Zeitschrift *The Musical Quarterly*[53] zugänglich gemacht worden. Aus diesem Grund, aber auch, um die komplizierte Situation zwischen Brahms und Joachim zu diesem Zeitpunkt zu verdeutlichen, soll der Text des Briefes hier in voller Länge abgedruckt werden[54].

Brahms an Joachim
30. Oktober 1883 (?)

Es ist ein besonderer kleiner Anlaß, der mich Dir schreiben läßt. Den Drang dazu hatte ich jedoch längst, und vielleicht wäre es gut – jedenfalls richtig – gewesen, hätte ich ihm früher nachgegeben.

Ich konnte in der traurigen Angelegenheit mit Deiner Frau niemals auf Deiner Seite stehen, ich mußte die Art Deines Vorgehens darin stets auf das Tiefste beklagen. Das konnte nicht ohne Einwirkung auf unser Verhältnis bleiben, auch meinerseits ist es das nicht. Daß diese Stimmung aber so schroff zu Tage treten muß, wie Du das Zeichen gegeben hast, kann ich nicht einsehen u. kann auch nur einen Grund haben, über den ich allerdings die Pflicht hatte, mich s. Z. auszusprechen.

Es ist aber ein Brief von mir an Deine Frau.

Bis zum Datum jenes Briefes habe ich weder mit Deiner Frau noch mit Simrock ein Wort über jene Sache gewechselt, durch all die lange Zeit nur Dich darüber gehört.

Wenn dadurch meine Ansicht von der Sache für die Freunde Deiner Frau an Wert gewinnt, so darf wohl meine so lange geübte Diskretion die Achtung Deines Freundes beanspruchen.

Jenen Brief geschrieben zu haben, kann ich nicht bereuen. Es war mir eine Wohlthat, eine Befreiung, Deiner gequälten Frau sagen zu können – dasselbe, was ich Dir oft genug gesagt.

Daß meine Meinung an die Öffentlichkeit, daß jener Brief gar zu den Akten kam, hat mich s. Z. außer mich gebracht. Ich habe kein Urtheil in der Sache, nur eine Meinung u. diese gehört nicht vor den Richter – aber was ist denn alles vorgebracht!

[53] Artur Holde: *Suppressed Passages in the Brahms-Joachim Correspondence Published for the First Time,* in: *The Musical Quarterly* XLV, 1959, S. 312–324; zum in Frage stehenden Brief S. 322–323

[54] vgl. das Faksimile eines Teiles des Briefes S. 168; hinsichtlich der Orthographie mußte ansonsten den abgedruckten Texten gefolgt werden, bei denen Normalisierung, d. h. die Angleichung an die jeweils gültige Schreibweise der Zeit, offenkundig die Regel ist.

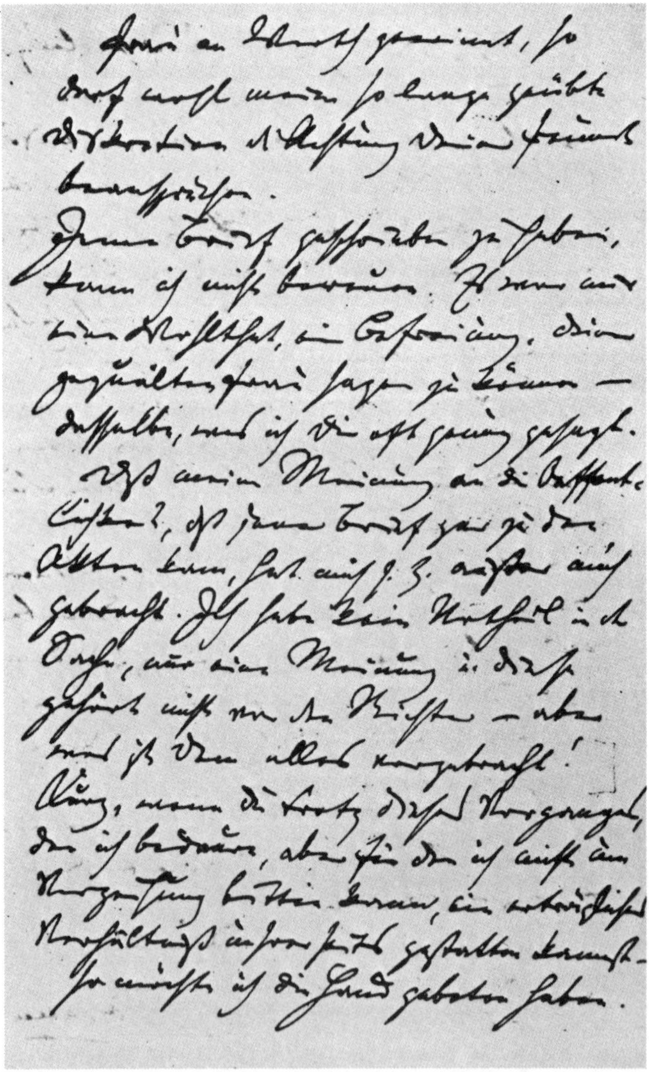

Aus Brahms' Brief an Joseph Joachim vom 30. 10. 1883 (?)

Kurz, wenn Du trotz dieses Vorganges, den ich bedaure, aber für den ich nicht um Verzeihung bitten kann, ein erträgliches Verhältnis unsererseits gestatten kannst – so möchte ich die Hand geboten haben.

So denn zu dem heutigen Anlaß, der mir allerdings so geringfügig erscheint, daß ich die Feder zwingen muß. Ich habe Wüllner[55] *im vorigen Jahre meine Mitwirkung versagt, für dies Jahr habe ich mich überreden lassen. (Für den 28. Januar, Berlin.) Wüllner sah den Sommer bei mir eine neue Sinfonie, und ich versprach sie ihm unter der Bedingung, daß die Aufführung nicht als eine erste angekündigt werde. Ich wollte sie nämlich Dir in Koblenz*[56] *anbieten. Nun möchte ich alles tun, ein Mißverständnis, eine Mißdeutung zu verhüten und sage Dir deshalb, daß die Sinfonie Dir zu Gebote steht. Am 2. Dezember wird sie hier aufgeführt und kannst Du dann die Stimmen haben; die Partitur schon früher, und würde ich bitten, Dich erst nach deren Einsicht zu entschließen.*

Dieser Brief erwartet keine Antwort, und wegen der Sinfonie genügt eventuell das kürzeste Wort.

Joachim nahm das Angebot unter der Bedingung an, daß von Wüllners Seite keine Einwände gemacht würden.

Joachim an Brahms[57]
Mainz, 3. November 1883

Um auf Deinen Brief, der mich bis ins Innerste erfaßte, zu antworten, wollte ich der Berliner Unruhe den Rücken gekehrt haben. Nun habe ich in Wiesbaden und Mannheim gespielt und tue es heute hier, sehe aber, wie schwer es auf Reisen, bei fremden Leuten wohnend, ist, zur Sammlung zu kommen. Ich sage deshalb nur, um Dich nicht länger auf Antwort warten zu lassen und freier zu atmen, wenn ich heute abend Dein Konzert spiele, daß ich die »gebotene Hand« annehme und die Sinfonie aufzuführen mir zu besonderer Ehre

[55] Franz Wüllner (1832–1902) war einer der bedeutendsten Dirigenten der Zeit. 1869 leitete er die Uraufführung von Wagners *Rheingold,* 1870 die der *Walküre.* In der Saison 1883–1884 dirigierte er mehrere der acht Abonnements-Konzerte des Philharmonischen Orchesters Berlin.

[56] In Koblenz waren Brahms und Joachim anläßlich des Musikfestes am 15./16. Juli 1883 zusammengetroffen.

[57] *Briefwechsel* VI, S. 206

anrechnen will, wenn es Dir Wüllner gegenüber keine, auch nicht die geringste Ungelegenheit macht. Ich will in Deinem Brief nichts anderes sehen, als den Ausdruck, den Du gebraucht hast, eine gebotene Hand, die ich nicht von mir weisen kann. Soviel für heute.

Diese Bedenken versuchte Brahms in seinem Antwortschreiben zu zerstreuen.

Brahms an Joachim[58]
12. November 1883 (?)

Deine Antwort war mir die größte Freude, und ich danke Dir von Herzen dafür. Ich bin durch Wüllner nicht gehindert. Er weiß, daß ich den dringenden Wunsch hatte, Du mögest in der Stadt, wo Du lebst, auch die Sinfonie zuerst aufführen. Deshalb eben habe ich auch ausdrücklich verlangt, daß seine Aufführung nicht als eine erste des Stückes angezeigt werde (was ja auch nicht geschehen?).

Wüllner jedoch war alles andere als erfreut. Besonders ungehalten war er über den vermeintlichen Termin der Joachimschen Aufführung, den ihm Brahms irrtümlich mit *bald nach dem 2ten Dezember* angegeben hatte.

Brahms an Wüllner[59]
November 1883 (?)

Es ist gekommen, wie ich dachte, und Du weißt es ja, wie ich auch von Herzen wünschte: Joachim führt meine Symphonie auf.

Du weißt und begreifst, daß mir das eine sehr ernste Freude ist – ich brauche Dir nicht von allem möglichen vorzureden.

Aber Dir schicke ich nun ein großes ??? Willst Du Deine Aufführung der S[ymphonie] *hinausschieben? (Joachim wird sie wohl bald nach dem 2ten Dezember machen.)*

Oder soll unser Engagement nicht gelten?

Oder willst Du die erste Aufführung abwarten, um Dich zu entschließen?

Geniere Dich gewiß nicht, Du bist vor allem Konzertgeber, mir aber sind Konzerte höchst unwichtig!

[58] ebda. S. 207

[59] *Johannes Brahms im Briefwechsel mit Franz Wüllner,* hrsg. von Ernst Wolff = *Brahms Briefwechsel* Bd. XV (Berlin 1921), S. 110–111

Joseph Joachim

Sage mir aber doch ein Wort, daß ich weiß, ob Du sehr wetterst oder Dich meiner Freude freuen kannst.

Wüllner an Brahms[60]
13. November 1883

Eben von Berlin heimgekehrt, wo gestern abend in meinem zweiten Konzert Rubinstein spielte, finde ich Deine Hiobspost. Denn daß sie mir das ist, kannst Du begreifen. Freilich Dir kann ich es nicht übelnehmen, da Du mir in Wiesbaden sagtest, daß, wenn Joachim Dich um Deine Symphonie bäte, Du es ihm nicht abschlagen

[60] ebda. S. 111–112

könntest. Aber daß Joahim, nachdem wir Deine Mitwirkung für den 28ten Januar und Deine Direktion der neuen Symphonie angezeigt hatten, Dich für den Dezember darum bittet, das finde ich von Joachim – nun, finde ich »charakteristisch«; – es gehört zu den mancherlei kleinen Illustrationen zu seinem Charakter, die mir denselben in letzter Zeit nach und nach in ein helles, eigentümliches Licht gestellt haben.

Und nun kommt der Konzertunternehmer: Sage mir, bitte, umgehend, ob Du auch bei Joachim spielen und Deine Symphonie selbst dirigieren wirst. Wenn Du das dort Mitte Dezember tätest, dann würden wir freilich daran denken müssen, für den 28ten Januar unser Programm zu ändern, da wir doch nicht binnen vier Wochen genau dasselbe wieder bringen könnten. An Deiner Mitwirkung bei uns am 28ten Januar möchte ich zunächst noch unbedingt festhalten. Dirigiert Joachim Deine Symphonie ohne Deine Anwesenheit, so sähe ich wenigstens kein Hindernis darin, daß Du sie dann später selbst bei uns noch einmal aufführtest.

Schon hier taucht die Frage nach der Anwesenheit des Komponisten bei einer der Berliner Aufführungen auf; sie bestimmt den weiteren Verlauf der doppelseitigen Korrespondenz. Brahms antwortete mit einem Schreiben, in dem er Joachim gegen die von Wüllner geäußerten Vorwürfe in Schutz nimmt.

Brahms an Wüllner[61]
November 1883 (?)

Ich gehe keinenfalls im Dezember und zu Joachims Konzert nach Berlin.

Du darfst indes in diesem Fall J[oachim] *nicht anklagen, der die Symphonie nur aufführen will, wenn ich Dir gegenüber nicht verpflichtet und geniert bin. Daß sie ihm zu Gebote steht, habe ich ihm gesagt, aber gewünscht, er möge sie erst ansehen, was nicht vor dem hiesigen Konzert am 2ten Dezember sein kann.*

Du kennst unser eignes, schwieriges Verhältnis, von dem ich sehr wünschen muß, daß es nicht gar zu unerquicklich werde. Überlege Dir die Sache und erkläre sie Dir als Freund – handle dann als Konzertgeber!

[61] ebda. S. 112

Den Termin der Aufführung in der Akademie der Künste stellte Joachim bald klar: 4. Januar 1884 im 6. Abonnements-Konzert. Aber auch er äußerte den Wunsch nach Brahms' persönlicher Anwesenheit.

Joachim an Brahms[62]
Ende November 1883 (?)

Nur zwei Worte, denn ich muß gleich in die Belsazar-Aufführung, unser 4tes Konzert.

Das 5te, Mitte Dezember, werde ich nicht dirigieren, da ich verreise. Wohl aber das 6te, letzte des 1ten Zyklus am 4ten Januar, in dem eben Deinem gütigen Erbieten gemäß Deine 3te Sinfonie gespielt werden soll. Du weißt, daß ich die volle Tragweite dieser musikalischen Ehre zu würdigen weiß, und wirst es deshalb verstehen, wenn ich einem Brief Wüllners, der mich davon abbringen will, keine Rechnung trage.

Freilich kann ich mir nicht verhehlen, daß es für mich gewissermaßen mißlich ist; insofern als es nicht ausbleiben kann, daß das Orchester das Werk bei genauer Bekanntschaft (noch dazu angefeuert durch Deine persönliche Direktion) viel schöner spielen wird als das erstemal. Aber das darf mich nicht abhalten, ich bin nicht eitel; höchstens zur Frage veranlassen, ob Du der Akademie der Künste die Ehre erweisen willst, auch bei uns Dein Werk am 4ten Januar zu dirigieren? Dies ist ernstlich gemeint. Ich spielte dann zur Sinfonie noch Dein Geigen-Konzert?

Diesen Vorschlag lehnte Brahms sogleich ab und teilte dies – wohl am selben Tag – auch Wüllner mit, der offensichtlich noch nicht gänzlich besänftigt war.

Brahms an Joachim[63]
4. Dezember 1883 (?)

Ich bringe Wüllner das Opfer, Deine Einladung nicht anzunehmen, werde aber die Sinfonie rechtzeitig schicken. Allerdings habe ich den Vorteil, daß Du mein Stück vortrefflich einstudierst – aber Du hast den kleinen Saal und ich den großen. Ich hasse den einen so sehr, wie ich für den andern ein faible habe.

[62] *Briefwechsel* VI, S. 208–209
[63] ebda. S. 209–210

Brahms an Wüllner[64]
Anfang Dezember 1883 (?)

Erst heute höre ich auch von Joachim das Dir Bekannte.

Seine Einladung, am 4ten Januar die Symphonie und mein Violinkonzert zu dirigieren, nehme ich nicht an – aber ich schicke ihm die Symphonie!

Ich bitte nochmals, alles, was Dir an der Sache unangenehm ist, mir auf die Rechnung zu schreiben – aber auch nicht zu unterlassen Dir zu sagen oder Dir klarzumachen, daß ich nicht anders handeln kann. Dazu brauchst Du keine weitere Erklärung von mir, denn Du weißt alles, was sich sagen läßt, und wirst auch meine Empfindungen und Wünsche durchaus verstehen und würdigen.

Eine hübsche Lösung könnte es allerdings sein, wenn Joachim jetzt das Violinkonzert bei Dir spielte?!

Da Wüllner den letzten Vorschlag – wie zu erwarten war – nicht annahm, gab es nun keine Unklarheiten mehr: Am 4. Januar 1884 dirigierte Joachim die Sinfonie als erster in Berlin, allerdings in Abwesenheit des Komponisten; am 28. Januar kam Brahms zu Wüllners Konzert mit den Philharmonikern, dirigierte dort die Sinfonie und spielte außerdem den Solopart in seinem Klavierkonzert op. 15.

Brahms' Versuch allerdings, zu einem *erträglichen Verhältnis* mit Joachim zu kommen, hatte trotz aller Bemühungen zu dieser Zeit noch keinen Erfolg. Brahms fand keine Gelegenheit oder vermied es, Joachim bei seinem Aufenthalt in Berlin zu treffen, und – wie der Schüler Joachims und Herausgeber des Briefwechsels Brahms/Joachim wissen will – er tat auch sonst mancherlei, was Joachim kränkte[65]. Es ist kaum einzuschätzen, inwieweit diese Darstellung parteiisch ist; sicher jedoch ist, daß Joachims Brief vom 27. Januar 1884 und Brahms' Antwort die letzten Schreiben sind, bevor aufs neue eine Pause von fast zwei Jahren in der Korrespondenz eintrat. Und dann war es wieder eine neue Sinfonie von Brahms, seine vierte, die Gelegenheit zu einer Annäherung bot; dann allerdings war es Joachim, der den ersten Schritt tat.

[64] *Briefwechsel* XV, S. 113
[65] *Johannes Brahms im Briefwechsel mit Joseph Joachim,* Bd. I, hrsg. von Andreas Moser = *Brahms Briefwechsel* Bd. V, Berlin ^{3}1921, S. VI

Joachim an Brahms[66]
Thorn, 27. Januar 1884

Sagen soll ein Wort Dir doch, wie unendlich leid es mir tut, Deine Sinfonie morgen nicht unter Deiner Leitung zu hören; denn wenn ich auch kein Anrecht an Deine Person mehr habe, die Liebe zu dem, das Du schaffest, bleibt mir. Der letzte Satz Deiner Sinfonie wirkt noch mächtig nach: ich fand ihn eben so tief wie originell in der Konzeption, womit ich nicht sagen will, daß die anderen Sätze seiner unwürdig seien: nur mich berührt er am stärksten. Und sonderbar, so wenig ich das Deuteln auf Poesie in der Musik in der Regel liebe, werde ich doch bei dem Stück (und nur bei wenigen anderen in dem ganzen Musikbereich geht es mir ebenso) ein bestimmtes poetisches Bild nicht los: Hero und Leander! Ungewollt kommt mir, beim Gedanken an das 2te Thema in C dur[67], der kühne, brave Schwimmer, gehoben die Brust von den Wellen und der mächtigen Leidenschaft vors Auge, rüstig, heldenhaft ausholend, zum Ziel, zum Ziel, trotz der Elemente, die immer wieder anstürmen! Armer Sterblicher – aber wie schön und versöhnend die Apotheose, die Erlösung im Untergang. Ob das weit ab von Deinem eigenen Empfinden lag!? Und nun wünsche ich, daß mein Orchester[68] es Dir zu Dank machen möge; wenn ich mir einige Schäden (Oboe und Kontrafagott z. B.) leider nicht verhehlen kann, es ist eine brave Körperschaft, denen Du gewiß ein Fest durch Dein Kommen bereitet hast.

Ich komme schon am 29ten um 6½ morgens nach Berlin zurück; willst Du mich sehen, so schreibe mir ein Wort.

Brahms an Joachim[69]
Berlin, 29. Januar 1884 (?)

Dein vortreffliches Orchester hat mir die größte Freude gemacht, und falls Du etwa heute zuhörtest, würde ich bedauern, daß vermutlich einige junge Geiger (die ich für Hochschüler halte) fehlen werden – sie halfen gestern ungemein frisch und eifrig mit!

[66] *Briefwechsel* VI, S. 211–212
[67] IV. Satz, Takt 52 ff.
[68] Wie auch aus Brahms' Antwort hervorgeht, war offensichtlich zu dieser Zeit das Hochschulorchester und das Philharmonische Orchester in Berlin wenigstens zum Teil durch dieselben Musiker besetzt.
[69] *Briefwechsel* VI, S. 213

Nun aber verzeih, wenn ich den Versuch, Dich zu sehen, mir für das nächste Mal aufspare. Ich habe doch auch die wenigen Minuten dieses einzigen freien Tages höchst nötig für eine Masse Korrespondenz.

Sei herzlich gegrüßt. Hoffentlich lobt mich Dein Orchester Dir ein wenig!

Zur Rezeption des Werkes

Die erste Aufführung der Sinfonie am 2. Dezember 1883 unter Hans Richter[70] in Wien war ein voller Erfolg. Wie Kalbeck als Augenzeuge berichtet, setzte sich das Werk sogar gegen eine organisierte »Opposition« durch[71].

Bei der Premiere der F-dur-Symphonie, die am 2. Dezember 1883 in den Wiener Philharmonischen Konzerten stattfand, wagte die im Stehparterre des Musikvereinssaales postierte Truppe der Wagner-Brucknerschen ecclesia militans den ersten öffentlichen Vorstoß gegen Brahms. Ihr Zischen wartete nach jedem Satz immer das Verhallen des Beifalls ab, um dann demonstrativ loszubrechen. Aber das Publikum fühlte sich von dem herrlichen Werke so innig angesprochen, daß nicht nur die Opposition im Applaus erstickt wurde, sondern die Huldigungen für den Komponisten einen in Wien kaum zuvor dagewesenen Grad von Enthusiasmus erreichten, so daß Brahms einen seiner größten Triumphe erlebte.

Der Erfolg der Sinfonie war bei den ersten Konzerten und in den ersten Reaktionen darauf so groß, daß Brahms sogar leicht verstimmt wurde; so schrieb er am 11. Januar 1884 (?) an Heinrich von Herzogenberg[72]: *In acht Tagen etwa, von Wiesbaden aus, denke ich Ihnen die leider zu berühmte F dur für zwei Klaviere zu schicken. Dieser ihr jetzt anklebenden Eigenschaft wegen hätte ich Lust, meine Konzerte abzusagen.*

Drei Konzertberichte aus der Leipziger Musikzeitschrift *Signale für die Musikalische Welt* vermitteln einen Eindruck von dem Erfolg der Sinfonie; sie beziehen sich auf die Wiener Uraufführung, auf die erste bzw. zweite Berliner Aufführung am 4. bzw. 28. Januar 1884.

Wien, 16. Dec. Das zweite philharmonische Concert brachte als Hauptnummer die neueste Symphonie von Brahms, welche mit ungewöhnlichem Beifall aufgenommen wurde. Nach dem ersten, dritten und dem Schlußsatze wurde der Componist stürmisch und

[70] Hans Richter (1843–1916) war zu dieser Zeit Dirigent der Philharmonischen Konzerte in Wien und zugleich Konzertdirigent der Gesellschaft der Musikfreunde.

[71] Kalbeck *Brahms* III/2, S. 412

[72] *Briefwechsel* II, S. 18

Der Karlsplatz in Wien um 1870

jubelnd wiederholt gerufen. Das hoch interessante Werk ist Satz für Satz in sich abgerundet, klar, faßlich schon bei erstmaligem Anhören, reich an überraschenden Wendungen, fesselnd in der Durchführung der Haupt- und Nebenthemen, sowie namentlich auch durch seine instrumentalen Schönheiten. Dem pathetischen ersten Satze folgen die beiden beruhigteren kürzer gefaßten Mittelsätze (der dritte eine Art Intermezzo), worauf der Schlußsatz den Hauptcharakter des ersten wieder aufnimmt. Diesmal aber geht es wie Wetterleuchten in schärferen, schneidigeren Accenten vorwärts, eine Fahrt durch aufgeregte Elemente, die stellenweise mit elementarer Gewalt aneinander gerathen. Da plötzlich zertheilt sich das drohende Gewölk und es eröffnet sich unter bezauberndem Ausklingen ein verklärtes Fernbild. So schließt das prächtige, fühlbar so recht dem Schaffensdrang entsprungene Werk versöhnend ab. Mitunter taucht die Gewalt Beethoven's, die Romantik Schumann's und

Der Brahms-Biograph Max Kalbeck

Mendelssohn's auf, ohne aber die eigene Selbstständigkeit des Tondichters zu beeinträchtigen. Bliebe ein Wunsch übrig, so wäre es der, daß die beiden Mittelsätze im Charakter weniger gleichmäßig gehalten wären. Die Aufführung war unter Richter's Leitung so meisterhaft, daß das Werk kaum irgendwo eine bessere erfahren kann[73].

Das sechste Concert der königl. Akademie der Künste brachte als Novität die neue dritte Symphonie in F dur von Brahms, welche auf die Hörerschaft einen großen Eindruck hervorbrachte. Der erste und letzte Satz gehören zu dem Schönsten und Erhabensten, was die Brahms'sche Muse geschaffen. Der zweite Satz bringt ein liebliches Andante in C dur, der dritte Satz Allegretto C moll theilt sich

[73] *Signale für die Musikalische Welt,* 42. Jahrgang, Leipzig 1884, S. 53

zwischen Dur und Moll und wirkt in seiner reizvollen Instrumentirung überaus anmuthend. Gespielt wurde das sehr schwierige Werk unter Joachim's Leitung ganz vorzüglich, auch die Coriolan-Ouverture von Beethoven gelangte zu glänzender Wiedergabe. Als Solist ließ sich Herr Concertmeister Petri aus Leipzig in Spohr's neuntem Violinconcert hören und bereitete dem Publicum durch sein nobles, technisch hoch entwickeltes Spiel einen wahren Genuß[74].

Im ersten Wüllner-Concert (zweiter Cyclus) gelangte Brahms' dritte Symphonie abermals zur Aufführung und zwar unter Leitung des Componisten. Das Werk erzielte auch diesmal eine große Wirkung, der dritte Satz mußte auf stürmisches Verlangen wiederholt werden. Brahms, der außerdem sein Clavierconcert in D moll spielte, war Gegenstand begeisterter Huldigungen, die in Lorbeerspenden und einem Orchestertusch ihren Höhepunct erreichten. Auch Herr Emil Götze aus Cöln wurde sehr gefeiert. Er sang Arie aus »Joseph in Aegypten« von Méhul, Provençalisches Lied von Schumann (welches Dacapo begehrt wurde) und »Am stillen Herd« aus Wagner's »Meistersingern«. Beethoven's Egmont-Ouverture eröffnete den genußreichen Abend[75].

Zwischen den beiden Berliner Aufführungen hatte Brahms die Sinfonie am 18. Januar in Wiesbaden vorgestellt. Und bei seinem Berliner Aufenthalt konnte er dafür gewonnen werden, am 29. Januar, d. h. am Tag nach jener Aufführung im Wüllner-Konzert, die Sinfonie mit der *Akademischen Festouvertüre* op. 80 und der *Tragischen Ouvertüre* op. 81 in einem der populären Konzerte des Philharmonischen Orchesters noch einmal zu dirigieren. Als Kuriosum sei hier ein Ausschnitt aus einer das Konzertprogramm enthaltenden Vergnügungszeitung mitgeteilt[76]:

Das heutige Symphoniekonzert des Philharmonischen Orchesters dürfte sich zu einem geradezu sensationellen dadurch gestalten, daß der größte Komponist der Jetztzeit, Johannes Brahms, aus Anerkennung und Wertschätzung für das Orchester drei seiner bedeu-

[74] ebda. S. 89
[75] ebda. S. 185
[76] zitiert nach Kalbeck *Brahms* III/2, S. 416

tendsten Werke persönlich leiten wird. Wir verfehlen nicht, auf diesen seltenen Kunstgenuß besonders aufmerksam zu machen, und ist es nicht hoch genug anzuerkennen, daß ein Künstler wie Brahms seine Werke persönlich den großen Schichten der Bevölkerung vorführt und gleichzeitig ein künstlerisches Unternehmen in würdigster Weise unterstützt.

Am 4. Februar leitete Brahms die Aufführung der Sinfonie in Meiningen, und zwar hatte Hans von Bülow, der Chefdirigent des Hoforchesters, die Sinfonie in deutlich pädagogischer Absicht zweimal aufs Programm gesetzt; sie bildete Anfang und Ende des Konzerts, in dem außerdem nur noch die Streichorchesterfassung der *Großen Fuge* op. 133 von Beethoven gespielt wurde. Anläßlich dieses Konzerts wurde Brahms vom Großherzog der Meininger Hausorden verliehen, mit dem sonst ausschließlich Minister ausgezeichnet wurden.

Die nächste Station auf dem Ruhmesweg der Sinfonie war Leipzig. Hier dirigierte Brahms sie am 7. Februar 1884 im 16. Abonnements-Konzert des Gewandhauses. Zwar hatte die Sinfonie auch hier Erfolg, wie aus dem Bericht des *Musikalischen Wochenblattes* zu ersehen ist; daß Brahms jedoch nicht alle Kritiker auf seiner Seite hatte, daß es durchaus heftige Gegner seiner Musik gab, zeigt Eduard Bernsdorfs ausführliche Rezension des Konzertes in *Signale für die Musikalische Welt.*

Von allen Brahmsschen Werken, die bis jetzt im Gewandhaus aufgeführt wurden, hat kaum eines einen gleich tiefgreifenden Sukzeß gehabt, wie dieses neueste; kaum ist aber auch eins noch gleich exquisit durch unser Orchester zu Gehör gebracht worden wie diese Symphonie! Die Bedeutung des Werkes und die Anwesenheit des Komponisten befeuerten die Kapelle zu einer Meistertat[77].

Die Brahms-Verehrer in unsrer Stadt haben sich in diesem Winter wahrlich nicht über Vernachlässigung oder Hintansetzung ihres Herrn und Meisters zu beklagen, und am allerwenigsten dürfen sie gegen die Gewandhaus-Direction Vorwürfe in angegebener Beziehung erheben. Ist doch in den Concerten und Kammermusik-Soiréen des beregten Instituts seit Beginn der heurigen Saison ein

[77] *Musikalisches Wochenblatt,* Leipzig; zitiert nach Kalbeck *Brahms* III/2, S. 418

ganz anständiges Quantum Brahms'scher Compositionen zur Vorführung gekommen, und hat man doch – wie aus obigem Programm zu ersehen ist – fast das ganze 16. Concert auf Brahms sich beziehen lassen. Von Beschränkungen und Hemmnissen des öffentlichen Brahms-Cultus kann also, wie gesagt, nicht die Rede sein, und wenn der Componist selbst über Entziehung von Licht und Luft sich beklagen sollte (was doch aber kaum anzunehmen ist), so wäre dies ein schreiendes Unrecht. Auch über Mangel an eifervoller und feuriger Gesinnungsäußerung seitens seiner hiesigen Anhänger und Bekenner hat sich Brahms nicht zu beschweren und niemals zu beschweren gehabt, und gerade das 16. Gewandhausconcert war wieder ein augenfälliger Beweis dafür. Denn nach Herzenslust wurde gejubelt und applaudirt, und sogar der obligate Orchestertusch fehlte nicht (schade nur, daß derselbe nicht nach der Symphonie – als dem Cardinalpuncte der ganzen Brahmsfeier – ertönte, sondern schon beim allerersten Erscheinen des Componisten behufs Dirigirung der von ihm orchestrirten Schubert-Lieder). Schreiber dieser Zeilen möchte durch das zuletzt Gesagte nicht die mißverständliche Meinung erwecken, als sei ihm die trompetende und paukende Extra-Anerkennung für die neue Brahms'sche Symphonie darum unumgänglich nothwendig erschienen, weil das Werk ihm ebenso ungemein behagt hat wie dem jubelnden und klatschenden Theile des Publicums. Nein, es hat ihm im Gegentheil vorwiegend Mißbehagen erregt, und er steht nicht an, den beiden ersten Symphonien von Brahms – für die er, wie den Lesern dieses Blattes bekannt sein wird – auch nicht eben sonderlich schwärmt – den Vorzug vor der dritten einzuräumen, sowohl was Erfindung als was Factur betrifft. Letztere besonders ist von einer Zusammenhangslosigkeit und Zerfahrenheit, wie man sie bei einem bereits so viel producirt habenden Componisten wie Brahms schier unbegreiflich finden muß und wie sie die etlichen Erfindungs-Goldkörnlein, die sich in die Schlackenmasse der vier Sätze eingesprengt zeigen, gar nicht zu rechter Geltung kommen läßt, auch nicht im ersten und dritten Satze, welche doch im Ganzen, als die relativ genießbarsten zu bezeichnen sein möchten. Lang ist die Symphonie glücklicherweise nicht, aber dafür wird um so mehr Blechlärm in ihr verführt, und sie wirkt trotz ihrer verhältnismäßigen Kürze doch langweilig, eben weil alle Augenblicke, wie man zu sagen pflegt, »der Zwirn alle wird« und man es auf Tritt und Schritt mit An- und Absätzen zu thun hat. In ihrem Gesammtwesen und Charakter zeigt die neue Symphonie von den übrigen Brahms'schen Productionen sich in keiner Weise verschieden, oder es sind nur geringe äußerliche Züge, die eine Art von Diversität herstellen. Daß der dirigirende Componist mit der Ausführung seines mancherlei und bedeutende Schwierigkeiten bietenden Werkes nicht unzufrieden gewesen sein wird, läßt sich wohl annehmen.[78]

Der Rezeptionsgeschichte der 3. Sinfonie sind nur wenige spezifische Züge zu eigen. Ein Aspekt: die ausgeprägten Charaktere der Sinfonie, die eine poetische Ausdeutung anregen, ist allerdings erst in neuerer Zeit, die der Hermeneutik, der einfühlenden und interpretierenden Deutung, abgeneigt ist, in den Hintergrund getreten. Er war in den ersten Äußerungen über die Sinfonie vorherrschend. Noch 1935 schreibt der englische Musikschriftsteller Donald Francis Tovey: *Von Brahms' vier Sinfonien ist die Dritte die kürzeste und, an der Außenseite, die am meisten romantische und malerische*[79]. Max Kalbeck, auf dessen eigene, eher abwegige Deutung schon eingegangen wurde, faßt zu Recht zusammen[80]:

Wer immer sich eingehender mit der F-dur-Symphonie beschäftigte, hat der Versuchung, ihr einen besonderen poetischen Inhalt, ein Programm, unterzulegen, nicht ausweichen können.

Als Zeugnis für diesen Aspekt der Rezeption seien außer dem Brief von Joseph Joachim vom 27. Januar 1884, der oben S. 175 abgedruckt ist, noch Clara Schumanns Eindrücke angeführt; sie schreibt am 11. Februar 1884 an Brahms[81]:

[. . .] *ich weiß nicht, wo ich Dich mit diesen Zeilen finden werde, unterlassen kann ich sie aber nicht, wo mir das Herz voll ist. Ich habe so glückliche Stunden in Deiner wunderbaren Schöpfung gefeiert (sie viele Male mit Elise gespielt), daß ich Dir dies wenigstens gesagt haben möchte. Welch ein Werk, welche Poesie, die*

[78] *Signale* 1884, S. 196–197
[79] Donald Francis Tovey: *Essays in Musical Analysis,* Volume I Symphonies, London 1935, S. 107: *Of Brahms's four symphonies, the third is the shortest and, in externals, the most romantic and picturesque.*
[80] Kalbeck *Brahms* III/2, S. 413
[81] *Clara Schumann Brahms* Bd. II, S. 273–274

harmonischste Stimmung durch das Ganze, alle Sätze wie aus einem Gusse, ein Herzschlag, jeder Satz ein Juwel! – Wie ist man von Anfang bis zu Ende umfangen von dem geheimnisvollen Zauber des Waldlebens! Ich könnte nicht sagen, welcher Satz mir der liebste? Im ersten entzückt mich schon gleich der Glanz des erwachten Tages, wie die Sonnenstrahlen durch die Bäume glitzern, alles lebendig wird, alles Heiterkeit atmet, das ist wonnig! Im zweiten die reine Idylle, belausche ich die Betenden um die kleine Waldkapelle, das Rinnen der Bächlein, Spielen der Käfer und Mücken – das ist ein Schwärmen und Flüstern um einen herum, daß man sich ganz wie eingesponnen fühlt in all die Wonnen der Natur. Der dritte Satz scheint mir eine Perle, aber es ist eine graue, von einer Wehmutsträne umflossen; am Schluß die Modulation ist ganz wunderbar. Herrlich folgt dann der letzte Satz mit seinem leidenschaftlichen Aufschwung: das erregte Herz wird aber bald wieder gesänftigt, zuletzt die Verklärung, die sogar in dem Durchführungs-Motiv in einer Schönheit auftritt, für die ich keine Worte finde. Wie beklage ich es, die Symphonie jetzt, wo ich sie so genau kenne und ganz anders genießen würde, hier nicht zu hören, das ist ein wahrer Schmerz für mich. Vor einigen Tagen sandte ich sie an Herzogenbergs – ich habe mich sehr schwer davon getrennt, gut, daß es Menschen sind, die mir lieb und denen ich die Freude so besonders gönne.

Als eigentümliche Merkmale der 3. Sinfonie in kompositionstechnischer und formaler Hinsicht werden fast ausschließlich die Kürze der Durchführung und die Rolle des Kernmotivs im I. Satz sowie das geringe Gewicht der Mittelsätze im Verhältnis zu den Ecksätzen genannt. Ansonsten aber wird auf sie kaum als individuelles Kunstwerk eingegangen, sondern sie wird lediglich im Kontext aller vier Sinfonien von Brahms betrachtet. Da erscheint dann fast immer Hans Richters Charakterisierung der Sinfonie als Brahms' »Eroica«, die der 1. als »Tragischen« und der 2. als »Pastorale« folge; allerdings wird diese Deutung, die einer ganz äußerlichen Analogiesetzung zu Beethovens 3. Sinfonie entspringt, sogleich auch eingeschränkt – die Unangemessenheit dieses Etiketts ist offenkundig.

Die Chronologie der Entstehung der vier Sinfonien legt die Einteilung in zwei Paare nahe: die 2. folgte der 1. Sinfonie nach nur einem Jahr (1876, 1877), zwei Jahre liegen zwischen der Vollendung der 3. und der

4. Sinfonie (1883, 1885). Innerhalb des zweiten Paares steht die 3. Sinfonie ganz eindeutig im Schatten der 4. Selbst wenn man Tovey nicht mehr ganz zustimmen kann, der 1935 schrieb, daß die 3. Sinfonie *nächst dem Doppelkonzert* für Violine und Violoncello *und dem d-Moll Klavierkonzert vielleicht das am meisten vernachlässigte Orchesterwerk* von Brahms sei[82], so ist doch festzuhalten, daß die 4. Sinfonie weit öfter aufgeführt wird. Ein Grund dafür mag sein, daß die 3. Sinfonie im Verständnis von auf Applaus gerichteten Dirigenten nicht »schlußfähig« ist; ihr verhaltener Schluß provoziert kaum rauschenden Beifall.

Wie wenig sich in der Rezeption der 3. Sinfonie – sieht man einmal vom Zurücktreten der hermeneutischen Interpretation ab – seit ihrer ersten Aufführung geändert hat, umgekehrt: wie wenige Aspekte als neue in die Betrachtung einbezogen werden, zeigt die Rezension der Uraufführung von Eduard Hanslick. In ihr tritt zum einen sein Enthusiasmus für die Musik von Brahms hervor; zum anderen wird hier sein – auch heute noch oft verkanntes – intellektuelles Niveau erkennbar, das ihn deutlich aus der Menge der damaligen Musikjournalisten heraushebt[83].

> *Die noch ungedruckte Dritte Symphonie von Brahms. Ein wahres Fest – mehr noch für den entzückten Menschen und Musiker in uns, als für den Kritiker, der hinterher beschreiben soll, wie die neue Symphonie von Brahms aussieht und was alles schön daran ist. Nun gehört es weder zu den seltenen, noch zu den unerklärlichen Mißgeschicken, daß die Beredtsamkeit des Kritikers um so tiefer sinkt, je höher die des Componisten sich emporgeschwungen. Die Wortsprache ist nicht sowohl eine ärmere, als vielmehr gar keine Sprache der Musik gegenüber, da sie letztere nicht zu übersetzen vermag. Man fühlte das vielleicht weniger in früheren, genügsameren Zeiten. Liest man aber heute die besten Kritiken, die unmittelbar nach der ersten Aufführung von Beethovens Symphonien erschienen, und setzt sich im Geist an die Stelle der ersten Leser, so wird man gestehen müssen, zwar die Verkündigung einer großen und schönen Musik, aber keine bestimmte Vorstellung empfangen zu*

[82] Tovey a.a.O.: *yet it is, next to the Double Concerto and the D minor Pianoforte Concerto, perhaps the most neglected of his orchestral works.*

[83] Eduard Hanslick: *Concerte, Componisten und Virtuosen der letzten fünfzehn Jahre. 1870–1885,* Berlin ^{2}1886, S. 361–366

Eduard Hanslick

haben von der individuellen Physiognomie derselben. Erst nachdem Beethovens Symphonien allgemein verbreitet, somit spätere Beurtheiler im stande waren, an Bekanntes anzuknüpfen, im Leser Selbstgehörtes, Selbstempfundenes vorauszusetzen, gewannen wir reelle Belehrung durch die trefflichen Beethoven-Kritiken der neueren Zeit. Die dritte Brahmssche Symphonie in F-dur, welche soeben zum allerersten Male aufgeführt und noch nicht gedruckt ist – hat noch keine solche Brücke zwischen dem großen Publikum und der Kritik gebaut und verweist letztere hauptsächlich auf den Vergleich mit früheren bekannten Werken dieses Meisters.

Hofcapellmeister Hanns Richter hat jüngst in einem sinnigen Trinkspruche die neue Symphonie auf den Namen »Eroica« getauft. In der That, wenn man die erste Brahmssche Symphonie in C-moll als »Pathetische« oder »Appassionata« die zweite in D als »Pastoral-

Symphonie« bezeichnet, so darf füglich die neue F-dur-Symphonie von Brahms seine »Eroica« heißen. Völlig zutreffend ist das Schlagwort freilich nicht, denn nur der erste und der letzte Satz will uns »heroisch« anmuthen. In seiner C-moll-Symphonie stürzte sich Brahms schon mit den ersten dissonirenden Tacten in verzweifelnder Leidenschaftlichkeit in ein finsteres Faustsches Grübeln; das an den Schlußsatz von Beethovens »Neunter« anklingende Finale ändert mit seiner spät errungenen Versöhnung nichts an dem wesentlich pathetischen, ja pathologischen Charakter dieser Tondichtung, in welcher ein leidendes, krankhaft aufgeregtes Individuum sich ausspricht. Zu dieser ersten Symphonie bildet die Zweite in D-dur ein friedliches, fast pastorales Gegenstück; während dort der Donner des alten Beethoven nachgrollt, hören wir hier wie aus holder Ferne die Stimmen Mozarts und Haydns. Brahms' Dritte Symphonie ist thatsächlich wieder eine neue. Sie wiederholt weder das schmerzliche Schicksalslied der Ersten, noch die heitere Idylle der Zweiten; ihr Grundton ist selbstbewußte, thatenfrohe Kraft. Das Heroische darin hat keinen kriegerischen Beigeschmack, führt auch zu keinerlei tragischem Akte, wie der Trauermarsch in der »Eroica« einer ist. In ihrem musikalischen Charakter erinnert sie an die gesunde Vollkraft der zweiten Beethovenschen Periode, nirgends an die Seltsamkeiten der letzten; zwischendurch zittert stellenweise das romantische Dämmerlicht Schumanns und Mendelssohns. Der erste Satz (F-dur, Allegro vivace 6/4) gehört zu dem Bedeutendsten und Vollkommensten, was wir von Brahms besitzen. Prachtvoll, wie nach zwei dröhnenden Kraft-Accorden der Bläser das kampflustige Thema der Violinen energisch aus der Höhe herabschießt, um sich alsbald in stolzen Linien wieder hoch aufzuschwingen. Der ganze Satz ist in glücklicher Stunde wie in einem Zug geschaffen. Sein zweites Motiv in As, zart und drängend zugleich, verschmilzt unvergleichlich mit dem Ganzen. Die Steigerung im Durchführungstheil bäumt sich zu gewaltiger Höhe und Kraft, weicht aber überraschenderweise gegen den Schluß einer allmählich beruhigten Stimmung, welche in sanfter Schönheit ausklingt. Die beiden mittleren Sätze bereiten dem Hörer keine gewaltigen Erschütterungen, sie laden ihn zu friedlichem Ausruhen. Weder ist der langsame Satz »zu Tode betrübt«, noch der schnellere »himmelhoch jauchzend«; beide bewegen sich in gemächlichem Zeitmaß und auf einem mittleren Niveau der Empfindung, dem Zarten und Anmuthigen ruhige

Entfaltung gönnend. Das »Andante con moto« (C-dur, 4/4) – ein sehr einfacher Wechselgesang der Bläser und der gleichsam den Refrain übernehmenden tieferen Streichinstrumente – könnte in einer der Brahmsschen Serenaden stehen. Der Satz ist kurz, ohne eigentliche Steigerung oder Entwicklung, überrascht aber in der Mitte durch eine Reihe zauberischer Harmonien, Klangwirkungen, die an das Wechselspiel leise anschlagender, verschieden gestimmter Glocken mahnen. Die Stelle des Scherzo vertritt ein flüchtig an Mendelssohn anklingendes Allegretto in C-moll (3/8), das mit bequemer Grazie in jener Zwitterstimmung hindämmert, der sich Brahms gerne in seinen mittleren Sätzen hingiebt. Das Stück ist sehr einfach (ohne Trompeten, Posaunen und Pauken) instrumentirt und wirkt namentlich durch die schneidigere Grazie seines As-dur-Mittelsatzes. Bei aller Grundverschiedenheit ähneln sich doch die erste und die dritte Symphonie von Brahms in einem Punkte: ihre beiden mittleren Sätze erscheinen nach Inhalt und Ausdehnung etwas zu klein im Verhältnisse zu den sie einschließenden gewaltigen Musikstücken. Das Finale (F-moll Allegro, Alle breve) ist wieder ein Stück allerersten Ranges, dem ersten Satze ebenbürtig, wo nicht überlegen. Leise rollt es heran mit einer gewitterschwülen raschen Figur der tiefen Saiten-Instrumente. Dieses Thema tritt keineswegs imponirend auf, findet aber alsbald die großartigste Entwickelung. Die unheimliche Schwüle des Anfangs entladet sich in einem prachtvollen Gewitter, das uns erhebt und erfrischt. Die Musik steigert sich fortwährend; das zweite Thema in C-dur, vom Waldhorn in wuchtigen Noten herausgeschmettert, macht bald einem dritten kraftvollen Motiv in C-moll Platz, das noch gewaltiger anstürmt. Auf der Höhe dieser imposanten Entwickelung angelangt, erwartet wohl jedermann einen glanzvollen triumphirenden Schluß. Allein bei Brahms sei man immer auf Unerwartetes gefaßt. Sein Finale gleitet aus dem F-moll unvermerklich in die Dur-Tonart, die hochgehenden Meereswogen besänftigen sich zu einem geheimnißvollen Flüstern – gedämpfte Violinen und Bratschen brechen sich in leicht aufrauschenden Terzen- und Sextengängen leise an den lang ausgehaltenen Accorden der Bläser, und seltsam, räthselhaft klingt das Ganze aus, aber in wunderbarer Schönheit.

Das alles ist eigentlich müßiges Gerede – die Symphonie will gehört und nicht beschrieben sein; gehört, aber nicht gelesen. Der Hofrath in Immermanns »Epigonen« hat nicht ganz unrecht mit seinem Geständnisse, es gebe nur ein Gespräch, welches ihm noch fataler sei, als das über Malerei: es ist das über Musik. Gewiß, ein paar kurze Notenbeispiele mit den Hauptthemen der neuen Symphonien würden den Leser besser orientiren, als unsere ganze Beschreibung. Da aber Brahms von Überraschungen wimmelt und dasjenige, was er aus den Themen entwickelt, so viel bedeutender ist, als diese selbst, so müßte eine Musikzeitung – und nur diese darf sich den Luxus von Notenbeispielen erlauben – allgemach die halbe Partitur ausschreiben, um uns schließlich erst recht auf die ganze zu verweisen. Eine andere Methode, die poetisch-malerische, welche die empfangenen Eindrücke in eine Reihe ausgeführter Bilder, Balladenstoffe, Romankapitel übersetzt, widerstrebt meiner Überzeugung von der rein musikalischen Bedeutung einer Instrumental-Composition; auch besitze ich nicht das »Klangbilder-Talent«, dessen sich der sonst ganz unmusikalische Heine rühmen durfte, und das er, ein Poet von Gottes Gnaden, in mancher genialen Musikschilderei thatsächlich bewährt hat. So bleibt mir denn nichts übrig, als einfach meine Freude über Brahms' neue Symphonie zu äußern. Manche mögen die titanische Kraft der Ersten Symphonie, manche die ungetrübte Anmuth der Zweiten vorziehen – gewiß besitzt jede von den dreien einzelne Vorzüge ganz für sich allein – als künstlerisch vollkommenste erscheint mir die Dritte. Sie ist gedrungener in der Form, durchsichtiger im Detail, plastischer in den Hauptmotiven. Die Instrumentirung ist reicher an neuen reizenden Farbenmischungen als die früheren. An genialer Modulation steht die Dritte Symphonie keinem der besten Werke von Brahms nach, und in der ihm ganz eigenen Kunst der freiesten Combination verschiedener Tactarten und Rhythmen weist sie den Vorzug auf, diesen Effect nicht auf Kosten der Verständlichkeit zu erreichen. Von klarer unmittelbarer Wirkung beim ersten Hören, wird sie beim zweiten, dritten und zehnten für jedes musikalische Ohr noch reicheren Genuß aus immer feineren und tieferen Quellen strömen lassen. – Der Erfolg der neuen Symphonie im Philharmonischen Concerte gehörte auch äußerlich zu den glänzendsten. Ich konnte den Gedanken nicht loswerden und mag ihn auch hier nicht unterdrücken: wenn doch Schumann noch lebte!

Historische und analytische Interpretation

Zur Stellung in der Gattungsgeschichte und im Gesamtwerk

Die Überzeugung, daß Brahms und Bruckner als überragende Vertreter der Sinfonie in der zweiten Hälfte des 19. Jahrhunderts Antipoden waren, ist so fest eingewurzelt, daß Zweifel daran selten geäußert werden. Dennoch bedarf diese Vorstellung der Korrektur oder wenigstens der differenzierenden Erläuterung. Denn ob sie zutreffend ist, wird zum einen durch die zeitgenössische Einschätzung der Gattung Sinfonie in Frage gestellt – die Gattung wurde keineswegs als so zentral angesehen wie es der verengte Blick des heutigen Konzertlebens annimmt; zum zweiten war auch der Rang, den man den beiden Komponisten zumaß, doch sehr unterschiedlich. Weder kam der Sinfonie zu dieser Zeit eine so große Wichtigkeit zu, daß es in ihrem Bereich Auseinandersetzungen oder Entscheidungen von musikgeschichtlichem Rang hätte geben können, noch wurde Bruckner damals mit Brahms auf eine Stufe gestellt. Bruckners Ruhm reichte zu Lebzeiten nicht entfernt an den von Brahms heran, seine Bedeutung war kaum über einen lokalen Rahmen bzw. einen Zirkel von Kennern und Anhängern bekannt.

Der eigentliche Antipode von Brahms war dagegen – jedenfalls bis zu seinem Tode im Jahre 1883 – Richard Wagner. Daß aber gerade Wagner die Gegenposition verkörperte, deutet schon darauf hin, daß das Feld, auf dem die Auseinandersetzung stattfand, nicht das der Sinfonie war: Die Sinfonie war noch nicht einmal die »zeitgenössische« Gattung der Orchesterkomposition; weit mehr im Vordergrund stand bis in die ersten Jahre des zwanzigsten Jahrhunderts die Symphonische Dichtung. *Die kompositionsgeschichtlichen Entscheidungen,* so schreibt Carl Dahlhaus für die Zeit um 1860, *schienen ausschließlich im Musikdrama und in der Symphonischen Dichtung, in den Gattungen also, die von der »Fortschrittspartei« der Neudeutschen beherrscht wurden, zu fallen*[84]. Brahms, der nach Schumanns Tod mehr und mehr – wenn auch

[84] Carl Dahlhaus: *Brahms und die Idee der Kammermusik,* in: *Brahms-Studien,* Bd. I. hrsg. von Constantin Floros, Hamburg 1974, S. 45–57; das Zitat S. 48

gegen seinen Willen – als Haupt der Gegenrichtung zu den Neudeutschen galt, war dies durch sein kompositorisches Schaffen insgesamt, nicht durch seine Sinfonien allein. Und sein ureigenster Bereich war neben dem Lied die Kammermusik; selbst seine Sinfonien stehen hinsichtlich ihrer Introvertiertheit, ihrer Differenziertheit im Detail der Gattung Kammermusik nahe[85]. *Um 1860 aber,* d. h. als Brahms in die Entwicklung eingriff, *war sie* [die Kammermusik] *sogar ästhetisch, für die Reflexion über die Entwicklung der Musik als Sprache und als Technik, kaum von Belang*[86]. In wenigen anderen Aspekten drückt sich Brahms' Gegenposition zu den Neudeutschen so unverhüllt aus wie in der Tatsache, daß sein Komponieren sich in erster Linie in der Kammermusik erfüllte, einer Gattung, *die für Liszt, Wagner und Berlioz nicht existierte* und die den Neudeutschen *als ein Reservat von Konservativen* galt, *die sich ans Überlieferte klammerten, weil das Neue sie verwirrte*[87]. Die unterschiedlichen ästhetischen Auffassungen fanden in den jeweils bevorzugten Gattungen ihre Entsprechung: Die Vertreter der »Fortschrittspartei« suchten ihre Ästhetik im Wagnerschen Musikdrama und in der Symphonischen Dichtung Liszts zu verwirklichen, der »konservative« Brahms, dessen Ästhetik zweifellos dem Zeitgeist widersprach, bevorzugte das Lied und die Kammermusik. Seine Sinfonien jedoch spielen in dieser Konfrontation nur eine geringe Rolle.

Bruckner auf der anderen Seite, der zwar nicht ohne Einschränkungen, aber auch mit guten Gründen zu den Neudeutschen gerechnet werden kann, war jedoch sogar innerhalb dieser Gruppe ein Außenseiter; das vor allem anderen, weil er sich mit der Sinfonie einer vermeintlich überholten Gattung verschrieb. Als überholt galt die Sinfonie den Neudeutschen in doppeltem Sinne: aufgehoben einerseits im Wagnerschen Musikdrama durch die Einbindung ins Gesamtkunstwerk, überwunden andererseits durch die Beseitigung der Begriffslosigkeit der Instrumentalmusik in der Symphonischen Dichtung.

Die Tatsache, daß die Musikgeschichte Brahms und Bruckner als die bedeutendsten Komponisten einer musikalischen Gattung innerhalb einer bestimmten Zeitperiode hat auf uns kommen lassen, darf nicht zu

[85] vgl. dazu unten S. 195
[86] Dahlhaus a.a.O.
[87] ebda.

dem Fehlschluß führen, es habe zwischen den beiden einen geistigen Austausch in diesem Bereich oder – angesichts der außerordentlich großen Unterschiede – einen direkten Konflikt gegeben. Auch gelegentliche Äußerungen über die Sinfonien des jeweils anderen sollten nicht zu der Annahme verleiten, der eine habe die Sinfonien des anderen in seine kompositorischen Überlegungen einbezogen, und sei es auch nur als Negativbild.

Der Vergleich mit Bruckners Werken illustriert nun aber ganz plastisch zwei Momente, durch die Brahms in seinen Sinfonien bewußt an Vorangegangenes anknüpft. In den äußeren Dimensionen, d. h. in der Orchesterbesetzung und in der zeitlichen Dauer, bleibt er ohne Abweichung in dem von Beethoven abgesteckten Rahmen. Bei der Besetzung ist nicht allein der Grundbestand der Instrumente derselbe (die Zahl der Hörner ist wohl angesichts der größeren harmonischen Kompliziertheit nur der Stimmung wegen verdoppelt): zweifach besetztes Holz, 4 Hörner, 2 Trompeten, Pauken, Streichquintett. Sondern auch die herangezogenen Zusatzinstrumente bleiben stets in den Grenzen, die etwa Beethovens 9. Sinfonie zieht; hier in der 3. Sinfonie sind es lediglich Kontrafagott (I., IV. Satz) und 3 Posaunen (I., II., IV. Satz). Es muß nicht näher darauf eingegangen werden, um wieviel mächtiger das Brucknersche Orchester vor allem durch die größere Anzahl der Holzbläser (in der Regel dreifach) und besonders der Blechbläser ist. Und auch hinsichtlich der Dauer bleiben die Brahmsschen Sinfonien, die sich ähnlich wie die Beethovens zwischen 30 und 40 Minuten halten, hinter denen Bruckners zurück, für die etwa zwischen 55 und 80 Minuten anzusetzen sind.

Brahms und Bruckner repräsentieren gegen Ende des 19. Jahrhunderts die zwei verschiedenen Stränge der deutschen Sinfonik. Beide haben ihren Ausgangspunkt im sinfonischen Werk Beethovens. Der eine Strang: Schubert, Bruckner, Mahler – also die »eigentlichen« Sinfonien, die den Begriff der Gattung als einer an ein Massenpublikum, eigentlich an die Menschheit insgesamt gerichteten einlösen – reicht bis ins 20. Jahrhundert. Der andere Strang: Mendelssohn, Schumann, Brahms bricht mit den Sinfonien des letzteren ab.

Innerhalb des Gesamtwerkes von Brahms ist die 3. Sinfonie eingebettet in eine Reihe von Kompositionen mit Beteiligung des Orchesters, die in ziemlich gleichmäßiger Folge im Zeitraum zwischen 1873 und 1887 entstanden. Es ist bekannt, wie schwer sich Brahms zunächst mit Orchesterkompositionen tat. Die frühen Resultate seiner Bemühungen, die beiden Serenaden op. 11 (1858) und op. 16 (1860) bzw. das 1. Klavierkonzert op. 15 (1858), zeigen nicht allein durch ihre mehr oder weniger vielstufige Entstehungsgeschichte[88], sondern auch durch ihre nicht in allen Punkten gelungene Gestalt selbst Spuren dieser Schwierigkeiten. Das Jahr 1873 nun war hinsichtlich der Orchesterkomposition, ja der Instrumentalkomposition überhaupt, ein Wendepunkt in der Entwicklung von Brahms. In den Jahren zuvor hatte sein Interesse fast ausschließlich Vokalkompositionen gegolten: Nahezu achtzig Lieder mit Klavierbegleitung waren entstanden und mit *Rinaldo* op. 50 für Tenor-Solo und Männerchor (1869), der *Altrhapsodie* op. 53 für Alt-Solo und Männerchor (1870), dem *Schicksalslied* op. 54 für gemischten Chor (1871) und dem *Triumphlied* op. 55 für Bariton-Solo und achtstimmigen Chor (1872) vier zum Teil umfangreiche Kantaten mit Orchester[89]. Im Sommer 1873 jedoch wurden neben den beiden Streichquartetten op. 51 die beiden gleichwertigen Fassungen der *Haydn-Variationen*, für Orchester op. 56 a und für zwei Klaviere op. 56 b, vollendet. Der Sommer 1873 markiert Brahms' Rückwendung zur instrumentalen Komposition und zugleich den Anfangspunkt der meisterhaften Orchesterkomposition; denn schon die Haydn-Variationen für Orchester dokumentieren, daß Brahms seine Schwierigkeiten, für Orchester zu komponieren, gänzlich überwunden hatte, daß er sich die volle technische Verfügung über diesen Klangapparat angeeignet hatte. Und die zehn Orchesterwerke, die in den folgenden 15 Jahren in ziemlich gleichmäßiger Folge entstanden, legen Zeugnis ab von der errungenen Meisterschaft und davon, daß sich Brahms ihrer auch bewußt war: nachdem 1876 endlich die Arbeit an der 1. Sinfonie op. 68 abgeschlossen war und damit der Durchbruch zur Sinfonie geschafft war, entstanden 1877 die 2. Sinfonie op. 73, 1878 das Violinkonzert op. 77, 1880 die *Akademische Festouverture* op. 80, 1881 die *Tragische Ouverture* op. 81 und das 2. Klavierkonzert op. 83, 1883 die 3. Sinfonie op. 90, 1885 die 4. Sinfonie op. 98 und schließlich 1887 das Doppelkonzert für Violine und Violoncello op. 102.

[88] vgl. zum Klavierkonzert Carl Dahlhaus: *Johannes Brahms Klavierkonzert Nr. 1 d-moll, op. 15 = Meisterwerke der Musik,* hrsg. von E. L. Waeltner, Heft 3, München 1965, S. 3–7

[89] vgl. Donald M. McCorkle: *Brahms Variations on a Theme of Haydn, Opp. 56a and 56b* = Norton Critical Scores, New York 1976, S. 7 ff.

In dieser Reihe von Orchesterkompositionen stellt die 3. Sinfonie eine Übergangsphase, oder anders ausgedrückt: die Vorbereitung zum Spätstil dar; dieser ist bei Brahms durch das konzessionslose Hervortreten des Artifiziellen, durch die tiefgreifende Durchbildung des musikalischen Details, die keine Rücksicht auf Schlagkraft und leichte Wahrnehmbarkeit nimmt, verkürzt gesagt: durch unverstellte Verwirklichung von Brahms' kammermusikalischem Kompositionsideal gekennzeichnet. Das wird besonders deutlich, wenn man die vier Sinfonien betrachtet: Finden die 1. und – allerdings schon weniger – die 2. noch einen Ausgleich zwischen der kammermusikalischen Ausrichtung ihres Komponisten und dem monumentalen, auf direkte Verständlichkeit ausgerichteten Anspruch der Gattung, und ist in der 4. Sinfonie der Widerspruch zwischen Gattungsbegriff und kammermusikalischer Gestaltung ganz unverkennbar, so kann bei der 3. Sinfonie eine Entwicklung hinsichtlich dieses Aspektes im Verlauf des Werkes selbst beobachtet werden. Einen Fingerzeig dafür geben schon die Anfänge des I. und des IV. Satzes: Entspricht das Hauptthema des I. Satzes durchaus noch der Vorstellung von Monumentalität des Klangapparates, die mit dem Begriff Sinfonie verbunden ist, so ist das des IV. Satzes schon ganz in die Klang- und Satzdimension von Kammermusik zurückgenommen.

Analyse

Die 3. ist deutlich die kürzeste unter den Sinfonien von Brahms. Das hat seinen Grund vor allem in den geringen Ausmaßen der Mittelsätze. *Man muß Andante und Allegretto zusammennehmen,* so bemerkt schon Max Kalbeck, *um das Gleichgewicht zu den Außensätzen der Symphonie herzustellen; allein würde keiner von beiden dem Allegro oder Finale die Waage halten, weder dem Umfang noch dem Inhalt nach*[90]. Tatsäch-

[90] Kalbeck *Brahms* III/2, S. 396. Diese Dreiteilung spiegelt sich im übrigen auch in der äußeren Anlage des Autographs (A, vgl. S. 149) wider: Es besteht aus drei Konvoluten (d. h. Bündeln aus Blättern bzw. Bögen), von denen jedes eine gesonderte Seitenzählung aufweist; im ersten Konvolut ist der I. Satz, im zweiten der II. und III. Satz, im dritten schließlich der IV. Satz notiert.

lich ist es nicht allein die Länge der Sätze, die das Gewicht in dieser Sinfonie so sehr auf die Außensätze verschiebt; vielmehr läßt das inhaltliche Geschehen, ihr Charakter die Mittelsätze – jedenfalls gemessen am hohen Anspruch der Sinfonie – hinter den beiden Außensätzen zurücktreten. Die unkomplizierte Formanlage, die einfache Melodik, die geringe Rolle durchführender Passagen in Verbindung mit ihrer Kürze lassen sie eher als Intermezzi denn als Sinfoniesätze wirken. Die Bezeichnung, die Brahms in einem Brief an Hans von Bülow in bezug auf die 4. Sinfonie verwendet, wäre eine viel eher zutreffende Beschreibung für die Mittelsätze der 3.: *Ein paar Entr'actes aber liegen da – was man so zusammen gewöhnlich eine Symphonie nennt*[91].

Daß sich trotz des Übergewichts der Außen- gegenüber den Mittelsätzen der Eindruck von Uneinheitlichkeit oder mangelnder Ausgewogenheit nicht einstellt, hat seinen Grund vor allem anderen darin, daß Brahms hier – wohl mehr als in den anderen Sinfonien – die Sätze durch positive Beziehung der thematischen Gestalt zusammenbindet, d. h. Einheitlichkeit schafft durch Verwendung derselben motivischen bzw. thematischen Gestalten in den verschiedenen Sätzen. Deutlich erkennbar ist die Abrundung des Formganzen durch die Wiederaufnahme des Anfangs am Schluß: In Takt 273–274 (Oboe I), 277–278 (Horn I) und 297–301 (Flöten, Oboen, Klarinette I, Horn III/IV) des IV. Satzes wird das Kernmotiv des I. Satzes wiederaufgenommen (siehe das Notenbeispiel auf S. 198); ihm schließt sich ab Takt 301 als Schluß des ganzen Werkes der rhythmisch geglättete 1. Abschnitt des Hauptthemas aus dem I. Satz so an wie in den ersten Takten der Sinfonie.

Ebenso deutlich ist eine Beziehung zwischen dem II. und IV. Satz. Das Thema, das im IV. Satz dem Hauptthema unmittelbar folgt (T. 18 ff.) und das dann einem Choral ähnlich in Durchführung und Coda wiederkehrt, wird bereits im II. Satz (T. 41 ff.) vorweggenommen. Der Rhythmus beider Melodien ist gleich (Notierung im IV. Satz in doppelten Notenwerten), hinsichtlich der Tonhöhen sind die Unterschiede nur geringfügig (Verschiebung einiger Einzelheiten um eine Stufe, Erweiterung der Schlußwendung im IV. Satz); bemerkenswert ist die instrumentale Variation des Anfangsauftaktes – wird die Melodie im

[91] zitiert nach Kalbeck *Brahms* III/2, S. 447

II. Satz von den Instrumenten weitergeführt, die den Auftakt exponieren, so im IV. von denen, die ihn wiederholen.

II. Satz

IV. Satz

Im Hinblick auf die intervallische Gestalt ließen sich viele offensichtliche Beziehungen zwischen den einzelnen Sätzen nachweisen. Eingegangen werden soll jedoch nur auf eine: auf die zwischen Hauptthema des III. (T. 1 ff.) und dem Seitenthema des IV. Satzes (T. 52 ff.). Über die vielfältige Übereinstimmung von Intervallen im einzelnen hinaus ist bei diesen Themen Gemeinsamkeit in Gestik und Umriß zu beobachten, von der die gesamte thematische Gestalt bestimmt wird; charakteristisch ist das zweimalige Ausgreifen nach oben, wobei der Spitzenton der zweiten Phrase um eine Terz höher liegt als der der ersten, und anschließend ein mehr oder minder stufenweises Absteigen zum Ausgangspunkt[92].

[92] Eine solche gestische Fassung von Themen scheint Brahms in dieser Zeit überhaupt nahegelegen zu haben; vergleichbar ist etwa das Fugenthema im III. Satz des Streichquintetts op. 88, das vor allem in seiner Triolenvariante (etwa T. 64 ff.) wie eine Variation des Seitenthemas aus dem IV. Satz der 3. Sinfonie wirkt; auf diese Ähnlichkeit hat schon Kalbeck (*Brahms* III/2, S. 387) hingewiesen.

III. Satz, Hauptthema

IV. Satz, Seitenthema

Als weitere Ebene der Integration der Sätze zu einem bei aller Vielfalt doch einheitlichen Werkganzen nützt Brahms die Harmonik. Man könnte sogar so weit gehen, den Gegensatz zwischen den Tongeschlechtern Dur und Moll als Hauptgegenstand der Sinfonie anzusehen. Ganz markant in den ersten drei Takten der Sinfonie herausgestellt, bestimmt er zunächst die Folge der Satztonarten: F-Dur, C-Dur, c-Moll und f-Moll. Aber der Gegensatz geht auch in die Sätze selbst ein: Im I. Satz ist das Hauptthema stark von Moll gefärbt, das Seitenthema steht in Dur; im III. Satz alterniert c-Moll des Hauptteils mit As-Dur des Trios; und schließlich im Finale steht das Hauptthema in Moll dem Seitenthema in Dur gegenüber, was freilich der Norm entspricht.

Daß ein harmonisches Moment zu einem wesentlichen Aspekt des Werkes gerät, hat aber eine Konsequenz: Die 3. Sinfonie zählt – vor allem in den Ecksätzen – zu den Werken von Brahms, in denen die Harmonik besonders reich und vielfältig ausgearbeitet ist[93].

[93] Bezeichnend ist die Tatsache, daß Arnold Schönberg in seinem Buch *Die Formbildenden Tendenzen der Harmonie* (Mainz 1957, S. 158–160) den Takten 70 bis 124 des I. Satzes eine vergleichsweise ausführliche Analyse widmet.

I. *Allegro con brio,* 6/4-Takt, F-Dur, 224 Takte

Der I. Satz steht – wie bei Kopfsätzen der Sinfonien im 19. Jahrhundert ganz selbstverständlich – in der Sonatenform. Dennoch ist die Form hier in für Brahms ganz eigentümlicher Weise erweitert: Der formale Zusammenhalt des Satzes wird gestärkt durch die Beziehung stiftende Kraft eines melodischen Gedankens, eines Kernmotivs, das sich nicht als Thema in metrisch gefestigter Gestalt ausprägt und somit auch nicht formale Orte wie Haupt- oder Seitenthema besetzt, auf die sich die formale Anlage der Sonatensatzform gründet.

Dennoch wird das Kernmotiv an exponierter Stelle eingeführt: Es markiert in Takt 1 bis 3 den Anfang des Satzes, der Sinfonie. Diese ersten drei Takte sind prägnant allein in der intervallischen Gestalt – weder haben sie im rhythmischen Bereich Kontur noch lassen sie überhaupt schon das Metrum erkennen[94] –, zu bewegen beginnt sich die Musik erst in Takt 3.

Kernmotiv

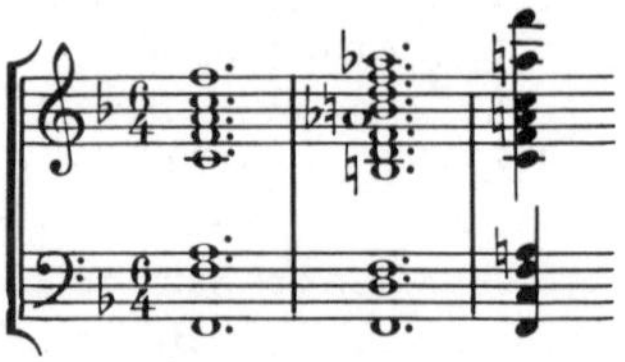

Dagegen führt die intervallische Zusammensetzung wesentliche Elemente des ganzen Satzes vor, und zwar sowohl horizontal als auch vertikal. Horizontal wird das Motiv f″-as″-f‴ exponiert, das – wie sogleich auszuführen sein wird – von zentraler Bedeutung für den Satzzusammenhang ist. Aber auch die Harmoniefolge: Dur-Tonika, verminderter Septakkord der Molldominante, Dur-Tonika[95], spielt

[94] Man könnte hier mit Hugo Riemann von »Vorhang« oder auch »Generalauftakt« sprechen, d. h. von Takten, in denen das Metrum als Vorbereitung noch suspendiert ist.

[95] vgl. dazu Hans Gal: *Johannes Brahms,* Frankfurt 1961, S. 137. Ob man freilich das as der Harmonie in T. 2 so ausschließlich als leittöniges gis vor der Terz der Tonika erklären sollte, wie Gal es – von der unmittelbaren Fortschreitung unterstützt – begreift, ist im Blick auf die Fortschreitung in T. 6–7 mehr als ungewiß: Der Akkord in T. 2 kann sehr wohl als Subdominantvertreter (hier gleich Zwischendominante vor der Dominante) innerhalb einer Kadenz aufgefaßt werden, in der die Dominante »verschwiegen« wird.

gleich am Anfang auf das Schwanken zwischen Dur und Moll an, das kennzeichnend ist für den ganzen Satz. So wendet sich etwa das Hauptthema schon im zweiten Takt in den Mollbereich, aus dem es sich erst in den kadenzierenden Schlußtakten 13 bis 15 ganz lösen kann.

Das Motiv f''-as''-f''' wird als Folge von Terz und Sext zum zentralen melodischen Gedanken des ganzen Satzes. Dabei tritt es in ganz verschiedenen Funktionen hervor: als Vorbereitung und Setzung eines Anfangs, als Überleitung, als Begleitung bzw. Kontrapunkt.

Nicht nur am Anfang, sondern überall, wo das Hauptthema auftritt, wird es vom Kernmotiv eingeleitet; das Kernmotiv hat hier gewissermaßen eine Doppelpunktfunktion, die noch verstärkt ist, wenn das Motiv in Doppelung auftritt; die Vorbereitung aufs Thema verläuft hier gleichsam in zwei Ansätzen (etwa am Reprisenbeginn T. 120–123 und am Beginn der Coda T. 181–183).

Nicht ein einziges Mal im ganzen Satz kommt das Hauptthema ohne die Vorbereitung durch das Kernmotiv vor. Allerdings ist an einer Stelle die unmittelbare Zusammengehörigkeit der beiden Gedanken gelokkert, die zielgerichtete Doppelpunktfunktion des Kernmotivs fast ganz außer Kraft gesetzt. In der 2. Abteilung der Durchführung wird das Kernmotiv zum Kopf einer viertaktigen Melodie (T. 101–104, Horn I), die sogleich um eine Terz höher wiederholt wird (T. 105–108, Oboe I und Horn I); erst nachdem der Schluß der Melodie kadenzierend verbreitert worden ist (T. 109–111, Horn I), setzt das Hauptthema in mehrfachen Oktaven unisono ein.

Ist dem Kernmotiv schon in der beschriebenen Rolle als Ankündigung und Vorbereitung des Hauptthemas unverkennbar eine Bedeutung für den formalen Zusammenhang zu eigen, so wird diese Funktion noch deutlicher in der Überleitungs- bzw. Schlußgruppe. In der ersteren bestimmt das Motiv den zweiten Teil eines direkt wiederholten Achttakters (T. 15–23, 23–31) – wenn man will: den Nachsatz des Überleitungsthemas. In der Schlußgruppe markiert das Kernmotiv den Anfang (T. 49–50) und wird danach zu einem wesentlichen Detail des Tonsatzes (z. B. T. 50 ff. I. Violine, Horn, T. 60 ff. Klarinette, Horn): Unter Ausnützung der relativen Allgemeinheit seiner intervallischen Gestalt geht von ihm die Fortspinnung der in beiden Richtungen ausgreifenden Dreiklangsbrechungen aus, die freilich auch mit dem Hauptthema in Verbindung gebracht werden können.

Sowohl in der Überleitungsgruppe als auch in der Schlußgruppe nach Takt 50 steht das Kernmotiv nicht unmittelbar im Vordergrund des

Tonsatzes. Begleitung oder vielleicht besser Kontrapunkt ist das Motiv auch bei der Exposition des Hauptthemas; zunächst wird es in der dreitönigen Ausgangsgestalt gebracht (T. 3–5 Baß), dann um einen Ton erweitert (T. 7–8, 9–10 Bläser, vgl. dazu T. 49–50), schließlich in der viertönigen Form und synkopisch versetzt (T. 11–12 Bläser und Viola). Zieht man in Betracht, daß man das Kernmotiv auch als motivische Basis für die Bildung der Hauptthema-Melodie ansehen kann, so wird man an Arnold Schönbergs Definition kontrapunktischen Denkens erinnert: *Das kontrapunktische Denken, d. i. die Kunst, Tongestalten zu erfinden, die sich selbst begleiten können*[96].

Innerhalb des durch das Kernmotiv erstellten Gerüstes vertreten Haupt- und Seitenthema die Positionen, die grundlegend für den Sonatensatz sind; sie erfüllen so zwar noch die formale Norm, für die Gestalt und den Zusammenhalt des formalen Ganzen jedoch kommt dem Kernmotiv weit höhere Bedeutung zu. Allerdings tragen die beiden Themen auf einer anderen Ebene zum individuellen Gepräge des Satzes in hohem Maße bei: Auf ihnen beruht die Spannweite hinsichtlich des Charakters, des emotionellen Zustandes der Musik, die den Satz auszeichnet. Ist das Hauptthema in Fortsetzung des Kernmotivs als düster, erhaben, mit großer Geste ausholend, monumental, ganz dem Begriff des Sinfonischen gemäß zu beschreiben, so schlägt das Seitenthema eher einen Serenadenton an: Seine einfache viertaktige Fügung, seine Grundlage in der durchweg festgehaltenen leeren Quinte, seine tänzerisch wiegende Bewegung und seine auf kleinen Intervallschritten beruhende Melodik stehen ganz im Gegensatz zum Hauptthema. Wie wichtig das Moment des Stimmungsgegensatzes ist, zeigt die Tatsache, daß das Seitenthema bei seiner Verarbeitung in der 1. Durchführungsabteilung (T. 77–90) gerade in diesem Punkt verändert wird: Es wird dem Charakter des Hauptthemas angenähert.

Das Hauptthema entspricht in seiner Gliederung – wie häufig beim späten Brahms – nicht der Norm der achttaktigen Periode. Es besteht aus drei Abschnitten (4 + 4 + 5 Takte); der erste und zweite sind je viertaktig und in zwei parallele Phrasen unterteilt. Der dritte Abschnitt greift im ersten Dreitakter auf die intervallische Gestalt des 1. Abschnittes zurück und fügt einen Zweitakter an, der auf Grundlage des Wechselspiels mit einem Terzzugmotiv kadenziert. Dieses Thema, das

[96] Arnold Schönberg: *Nationale Musik,* in: *Stil und Gedanke,* hrsg. von Ivan Vojtěch, Frankfurt 1976, S. 250–254

Hauptthema, spielt für die motivische Verarbeitung im Satz nur eine ganz geringe Rolle – eine im Brahmsschen Sonatensatz außerordentlich ungewöhnliche Tatsache. Zwar gehen Elemente des Themas in die Gestalten der Schlußgruppe ein, zwar erscheint sein 1. Abschnitt auch am Schluß der Durchführung; verarbeitet wird das Thema jedoch nur in der Coda[97].

Hauptthema

Seitenthema

[97] Für die Art der Verarbeitung, welche die einzelnen Abschnitte zu größeren Gruppen ausweitet, dabei aber deren Reihenfolge strikt beibehält, vgl. etwa auch den I. und III. Satz der 4. Sinfonie.

Formübersicht

Exposition	T. 1– 72 a
Hauptsatz	1– 35
Kernmotiv	1– 3
Hauptthema	3– 15
Überleitungsgruppe	15– 35
Seitensatz	36– 49
Seitenthema	36– 40
Wiederholung des Seitenthemas	40– 44
Fortspinnungsgruppe	44– 46
Schlußgedanke (Kopf des Seitenthemas in freier Umkehrung)	47– 49
Schlußgruppe	49– 72a
Durchführung	71b–120
Weiterführung der modulierenden Fortspinnung aus der Schlußgruppe	71b– 77
1. Abteilung: Verarbeitung des Seitensatzes (T. 77–90: Seitenthema; T. 90–100: Fortspinnungsgruppe als Umkehrungskanon)	77–100
2. Abteilung: Verarbeitung des Kernmotivs (T. 101–112) und des Hauptthemas (T. 112–120)	101–120
Reprise	120–181
Hauptsatz	120–148
Kernmotiv (gedoppelt und anders harmonisiert als T. 1–3)	120–124
Hauptthema (entsprechend T. 3–15)	124–136
Überleitungsgruppe (verkürzt zur Reprisenmodulation, d. h. um gegenüber der Exposition die Quintversetzung des Seitensatzes zu erreichen: T. 136–139 entsprechen 15–18 mit anderer melodischer und harmonischer Führung im zweiten Zweitakter, T. 140–148 entsprechen 27–35)	136–148
Seitensatz	149–158
Seitenthema (entsprechend T. 36–40)	149–153

Fortspinnungsgruppe (entsprechend T. 44–46)	153–155
Schlußgedanke (entsprechend T. 47–49)	156–158
Schlußgruppe (T. 158–168 variieren 49–59, T. 168–181 entsprechen 59–72a)	158–181
Coda	181–224
Kernmotiv	181–183
Hauptthema, in seinen drei Abschnitten je gesondert verarbeitet (T. 183: 1. Abschnitt, T. 187: 2. Abschnitt, T. 195: 3. Abschnitt)	183–215
Reminiszenz: Kernmotiv und geglätteter 1. Abschnitt des Hauptthemas (vgl. IV. Satz T. 297–309)	216–224

II. *Andante,* C-Takt, C-Dur, 134 Takte

Es wurde oben[98] erwähnt, daß Max Kalbeck die Entstehung der Mittelsätze der 3. Sinfonie in Zusammenhang bringt mit Brahms' Plänen zu einer Faust-Musik. Dafür können am ehesten noch beim II. Satz einige Anhaltspunkte gefunden werden.

Erstens ist der Satz in relativ lockerer Aneinanderreihung gefügt; er folgt keinem vorgegebenen Formschema, sondern lehnt sich frei der Gliederung A – B – A′ – Coda an. Zudem ist die Übereinstimmung sogar mit diesem Grundriß noch an einer wesentlichen Stelle verunklart: Die Wiederkehr des A-Teils in Takt 85 ist dadurch verschleiert, daß das Kopfmotiv des Hauptthemas gedehnt und damit in metrisch anderer Gestalt erscheint; die Wiederkehr ist außerdem anders phrasiert:

[98] vgl. S. 158

Der Eintritt des B-Teils bzw. der Coda dagegen sind nach den jeweils vorausgehenden gleichen Modulationsabschnitten klar. Die Art der formalen Anlage des Satzes: lockere Reihung, freie Anlehnung an ein nur in geringem Maße verbindliches Schema, könnte sehr wohl in Zusammenhang mit einer außermusikalischen Vorlage, einem Text stehen.

Zweitens ist das Verhältnis zwischen den thematischen Gestalten in diesem Satz recht ungewöhnlich für Brahms. Alles beherrschend ist das Hauptthema; neben ihm kommt keiner anderen thematischen Gruppe nennenswerte Bedeutung zu, sie alle bleiben episodisch. Der Kontrastabschnitt im A-Teil (T. 41 ff.) gibt zwar mit seinem wiederholten Anfangsauftakt das Material für den die beiden A-Teile abschließenden Modulationsabschnitt (T. 57 ff. bzw. 116 ff.), ansonsten aber wird er nicht verarbeitet. Im A'-Teil entfällt er sogar ganz; er wird ersetzt durch einen neuen episodischen Abschnitt, der in Fortspinnung aus dem Schlußmotiv des Hauptthemas gewonnen wird.

Auch die Besonderheit der episodischen Satzabschnitte könnte in der Beziehung auf einen Text seinen Grund haben; die Abschnitte könnten gleichsam leitmotivische Abbildung von Textelementen sein, die an anderer Stelle größere Bedeutung erlangen. Sicher ist, daß der episodische Kontrastabschnitt im A-Teil ein im IV. Satz wichtiges Thema vorwegnimmt[99].

Bei der Verarbeitung des Hauptthemas nun – und das ist der dritte Punkt – zeigt Brahms seine ganzen Künste der Variation; ihre Ergebnisse könnten den Verwandlungen einer dramatischen Figur entsprechen, sind jedoch auch im innermusikalischen Bereich allein durchaus

[99] vgl. S. 195ff.

sinnvoll. Schon die fünf Ansätze des Themas bei seiner Exposition gehören als Varianten zusammen; hier ist einmal mehr in einem langsamen Satz von Brahms der klangliche Gegensatz von Bläsern und Streichern wesentlich. In der Fortspinnung (T. 24–32) wird das Thema durch eine Sechzehntelfigur in den Hintergrund gedrängt; man kann hier – analog zu einem strengen Variationssatz – fast von einem rhythmischen »Motiv der Variation« sprechen. Das auch deshalb, weil die Charakterisierung der Verarbeitung durch eine rhythmische Gestalt sich in der Durchführung fortsetzt: Ihre ersten Takte (T. 63–76) sind von Achteltriolen bestimmt, die danach wieder von den Sechzehntelfiguren der Fortspinnung abgelöst werden. In der Coda endlich erscheinen Motive des Hauptthemas in einer vor allem im Charakter veränderten Umgebung. Die chromatischen Gänge der Fagotte, die an die Coda im I. Satz aus Beethovens 9. Sinfonie erinnern, düstern den Satz ein; damit und mit der Schlußkadenz (Mollsubdominante-Durtonika) wird auf den die ganze Sinfonie bestimmenden Gegensatz zwischen Dur und Moll angespielt.

Formübersicht

(A-Teil)	T. 1– 62
Hauptthema	1– 24
Fortspinnung des Hauptthemas: Steigernde Variation durch Hinzufügung einer Sechzehntelfiguration und Verarbeitung eines zweitaktigen Modells in vier Zweitaktern (T. 24–32); versickerndes Beharren auf dem Sekundwechselmotiv aus T. 2 bzw. 17–18 des Themas (T. 33–40)	24– 40
Episodischer Kontrastabschnitt	41– 56
Modulationsabschnitt	57– 62
(B-Teil) Durchführung	63– 84
(A′-Teil)	85–122
Hauptthema (mit verschleiertem Beginn)	85–108
Neue episodische Themengruppe aus Hauptthemabestandteilen	108–115
Modulationsabschnitt	116–122
Coda	122–134

III. *Poco Allegretto,* $^3/_8$-Takt, c-Moll, 163 Takte

Von allen dritten Sätzen der Brahmsschen Sinfonien erfüllt der der 3. am ehesten die Norm des 19. Jahrhunderts: Er ist ein Tanzsatz im Dreiertakt mit der üblichen Formanlage: Hauptteil – Trio – Wiederkehr des Hauptteils – Coda. Allerdings greift er in Charakter und Bewegungsart auf einen vorbeethovenschen Typus zurück; er steht dem Haydnschen Menuett näher als dem Scherzo der Sinfonien Beethovens. An ein Scherzo erinnert, wenn nicht in der Form, so doch in Tempo *(Allegro giocoso)* und burleskem Charakter allein der III. Satz der 4. Sinfonie. Die entsprechenden Sätze der vorangehenden Sinfonien dagegen sind ruhiger in ihrer Bewegungsart: *Un poco Allegretto e grazioso* bei der 1. Sinfonie, bei der 2. *Allegretto grazioso (Quasi Andantino)* – das allerdings zu *Presto ma non assai* wechselt – und schließlich hier in der 3. Sinfonie *Poco Allegretto.* Hinsichtlich der Norm des dritten Sinfoniesatzes jedoch unterscheiden sich die drei; ihr entspricht allein der Satz, der hier Gegenstand ist. Hebt sich der III. Satz der 1. Sinfonie durch seine Taktart $^2/_4$ von der Regel ab, so weist der der 2. eine abweichende Formanlage auf.

Der Charakter des III. Satzes der 3. Sinfonie wird geprägt durch Melodien, deren Eingängigkeit sie – wie es scheint – als Ergebnis spontaner Erfindung ausweisen. Ihrer Einfachheit entspricht die formale Anlage des Satzes, die sich auf klar abgegrenzte, melodisch bestimmte Abschnitte stützt und die sich kaum in Passagen von weitergehender Verarbeitung verliert. Das zwölftaktige Hauptthema (vgl. das Notenbeispiel S. 209) erscheint sowohl im Hauptteil als auch in dessen Reprise (T. 99 ff.) jeweils dreimal und ist stets auf andere Weise instrumentiert. Zwischen der Wiederholung des Themas (T. 13–24 bzw.

Kontrastierender Mittelabschnitt

111–122), die sich seiner Exposition unmittelbar anschließt, und seiner zweiten Wiederkehr am Ende beider Teile (T. 41–53 bzw. 139–150) steht ein kontrastierender Mittelabschnitt; er deutet mit der Sequenzierung und fortschreitenden Abspaltung bzw. Fortspinnung eines zweitaktigen und auf zwei Stimmen verteilten Modells durchführende Arbeit an (T. 24–40 bzw. 122–138).

Kennzeichnend für die rationale kompositorische Haltung ist die Systematik, mit der die klangliche Differenz zwischen Streichern und Bläsern für die instrumentatorische Variation zwischen Hauptteil und seiner Reprise genutzt wird (vgl. dazu die Formübersicht): Übernehmen in den ersten drei Abschnitten des Hauptteils Streicher die Hauptstimmen, so sind es in der Reprise Bläser; und umgekehrt: Wird das Thema im vierten Abschnitt des Hauptteils von Bläsern gespielt, so treten in der Reprise dafür Streicher ein.

Trio-Thema

Trio: Mittelabschnitt

Der klangliche Unterschied zwischen Bläsern und Streichern ist auch im Trio (T. 54 ff.) von Gewicht; hier betrifft er allerdings die Abschnitte als ganze: Das Triothema, das seine besondere Prägung durch die gegen den Takt gerichteten Figuren gewinnt, ist stets von Holzbläsern bestimmt, der mehr melodisch gefügte kontrastierende Abschnitt dagegen von den Streichern (T. 70 ff.). Zunächst wird dieser Abschnitt überhaupt nur von der Streichergruppe vorgetragen; bei seiner Wiederaufnahme dagegen – sie ist als Rückführung zum Hauptteil umgeformt – ist der Tonsatz durch eine Bläserschicht erweitert, in der durch die Vorwegnahme des Hauptthema-Kopfmotivs der folgende Abschnitt angekündigt wird.

Die oben erwähnte Einfachheit der Melodik – auf diesen Aspekt sollen sich die folgenden Überlegungen beschränken – ist nur scheinbar Ergebnis des unmittelbaren Einfalls, der natürlichen Eingebung; vielmehr ist sie, wie gezeigt werden soll, Resultat konzentrierter kompositorischer Arbeit, ist gleichsam »zweite Natur«.

Hier trifft sich Brahms' kompositorische Praxis mit dem romantischen Begriff von Einfachheit, von Natürlichkeit, von Volkstümlichkeit. Diese waren vermittelte Begriffe, d. h. sie gingen nicht auf in den realen Gegebenheiten. Natürlichkeit ist nicht gleichzusetzen mit der realen Natur, die den Menschen umgibt – auch wenn die Romantik der Landschaft weit mehr Aufmerksamkeit zuwandte als alle Kunstrichtungen zuvor; Einfachheit ist nicht die Simplizität, die Trivialität des Rohen, Ungebildeten, ist nicht Gegensatz zum Künstlich-Künstlerischen; und Volkstümlichkeit, der die beiden anderen überspannende Begriff, ist nicht die Ausdrucksweise des realen Volkes im 19. Jahrhundert. Vielmehr sind diese Begriffe verklärend, idealisierend; vermittelt durch die Wertvorstellungen des im 19. Jahrhundert dominierenden Bürgertums geben sie eher Ideales an als Reales, umschreiben eher Zielvorstellungen als tatsächliche Gegebenheiten. Damit aber ist einleuchtend, daß der Künstler, will er diesen Idealen nahekommen, sich nicht mit dem Vorgefundenen begnügen kann, sondern daß dafür artifizielles Aufarbeiten, künstlerische Zubereitung unabdingbare Voraussetzung ist.

Dieser vielschichtige Aspekt kann hier nicht sehr weit ausgeführt werden. Erwähnt sei nur, daß Brahms hinsichtlich des überkommenen Volksliedgutes ein Vertreter der »romantischen Aneignung« war, die bis hin zur völligen Neufassung der Lieder ging. Auch bei der Auswahl der Volkslieder, die er selbst für verschiedene Besetzungen bearbeitete, ging es ihm weniger um Echtheit der Vorlagen als um musikalische Qualität.

Wie wichtig für Brahms der Aspekt des Volkstümlichen war, zeigen schon große Teile seines umfangreichen Liedschaffens; kaum ein Komponist hat hier so unverwechselbar den »Volkston« getroffen. Aber auch in vielen Instrumentalkompositionen, namentlich in den Charakterstücken für Klavier, sind einfache, faßliche Melodien, die an Volkslieder gemahnen, zu finden. Hier, in eigenen Kompositionen, stellt sich jenes Problem der Vermittlung nur in etwas anderer Form. Obwohl die Melodien so einfach, so natürlich wirken, entspringen sie nicht dem spontanen Einfall, sondern sind Ergebnis kompositorischer Arbeit: Das Natürliche ist nicht Gegensatz, sondern Resultat des Artifiziellen.

Diese Behauptung kann besonders deutlich am Hauptthema des III. Satzes der 3. Sinfonie belegt werden. Der kompositorische Zugriff entzieht das Thema der Trivialität seines Urbildes und fördert gerade dadurch den Eindruck des Natürlichen.

Denkbar wäre das Urbild der Melodie als achttaktige Periode mit viertaktigem Vorder- bzw. Nachsatz; eine rhythmische Figur ist durchgängig beibehalten (für den Schlußtakt vgl. den der Themenmelodie in Takt 23–24; freilich könnte auch hier – bei Auslassung des Doppelschlags – die rhythmische Figur von vorher eingesetzt werden):

Urbild

Endgültiges Thema

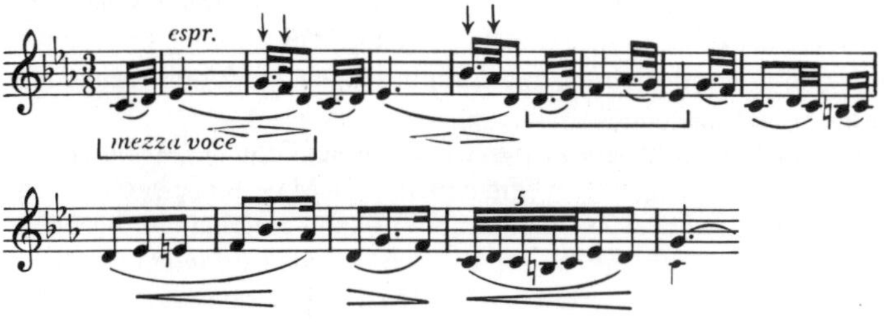

Der erste kompositorische Eingriff zielt auf die Beseitigung der rhythmischen Einförmigkeit. Die Auftakte des zweiten und vierten Taktes werden um ein Achtel verschoben, sie werden niedertaktig. Der Wechsel zwischen Auftaktigkeit und Niedertaktigkeit gibt dem Vordersatz seinen besonderen Reiz; zugleich verdeutlicht er die Beziehung der Zweitakter Takt 1 und 2 bzw. 3 und 4 als aufeinander bezogene Glieder des Vordersatzes.

Mit diesem relativ geringfügigen Eingriff beseitigt Brahms die Trivialität des Urbildes; durch ihn allein schon wird es möglich, daß die rhythmische Figur im Nachsatz dreimal gebracht wird, daß der Nachsatz mithin seine einfache Gestalt beibehalten kann, ohne monoton zu wirken.

Aber Brahms greift noch an einem weiteren Punkt an; er biegt die Kadenz im achten Takt um und erweitert die Melodie um vier Takte. Damit ist zum einen – ganz typisch für Brahms – die Norm der achttaktigen Periode umgangen; zum anderen aber – das ist von besonderer Bedeutung – bekommt durch die Art der Erweiterung das Thema ein individuelles Gesicht. Zuvor ist trotz jenes Eingriffs und der damit im Endergebnis verbundenen dynamischen Belebung durch Schweller mit Höhepunkt auf Takt 2 und 4 eine gewisse Starrheit der Bewegung zu beobachten. Das hat vor allem seinen Grund in der Einförmigkeit des Basses, der je nur auf dem Schwerpunkt der Takte anschlägt, und – damit verbunden – in der stets gleichen Geltungsdauer der Harmonien. Jetzt aber schreitet der Baß in Achteln fort und die harmonische Bewegung wird vielfältiger: Die Musik beginnt zu schwingen.

Die vier Erweiterungstakte weisen nun Merkmale auf, die nicht mehr allein unter dem Gesichtspunkt des Verhältnisses zwischen natürlicher Wirkung und artifizieller Zubereitung einer einzelnen Gestalt, einer musikalischen Gestalt für sich betrachtet zu fassen sind. Unter der relativ einfachen Oberfläche ist die Melodie in souveräner Verfügung über das musikalische Material so gestaltet, daß sie über sich hinausweist, daß in ihr Beziehungen geknüpft werden zu Vorangegangenem und zu Folgendem.

Schon in den ersten acht Takten war ein hoher Grad an Ökonomie, an Sparsamkeit im Umgang mit dem motivischen Material zu beobachten. So sind die ersten drei Zweitakter als Varianten aufeinander bezogen: Das Modell des ersten ist im zweiten Zweitakter lediglich durch Terztransposition des vierten und fünften Tones verändert (vgl. die im

Notenbeispiel mit Pfeilen markierten Noten); im dritten Zweitakter wird die – ansonsten unveränderte – Folge von Tonqualitäten des ersten um eine diatonische Stufe nach oben versetzt (vgl. die im Notenbeispiel durch Klammern gekennzeichneten Phrasen). Hier ist ein feinsinniges Ausbalancieren der Beziehungen zwischen den Phrasen zu beobachten; es ergibt sich ein ausgewogenes Verhältnis zwischen dem Beibehalten des Gleichen als Moment der Ökonomie und Vereinheitlichung auf der einen Seite und der Veränderung als weiterführendem Moment auf der anderen. Die Versetzung von zwei Tönen im zweiten Zweitakter bedeutet tatsächlich einen Eingriff ins Modell des ersten – so wird die Parallelität zwischen beiden Phrasen durch die Gleichheit von Rhythmik und Dynamik unterstrichen. Dagegen wird im dritten Zweitakter die bloße Versetzung der Tonfolge aus dem ersten kaum als wirkliche Veränderung, sondern eher als Wiederholung des Gleichen begriffen; so kann die Variation in einem anderen Bereich, hier vor allem der Rhythmik, ansetzen. (Dies nur im Hinblick auf das Verhältnis der Zweitakter zueinander; daß jene Veränderungen ihren Sinn auch im Rahmen des Themen-Ganzen haben, versteht sich von selbst.)

Zurück zu den Takten 9 bis 12. Auch hier ist das Prinzip der motivischen Ökonomie, das zugleich eines der Vereinheitlichung ist, Richtschnur der melodischen Formulierung; nahezu alle Phrasen sind durch Variation aus den vorangehenden acht Takten gewonnen. Neu ist lediglich der chromatische Aufgang des Taktes 8, der die Kadenzumbiegung verschleiert. Ihm folgen in rhythmischer Vergrößerung die Schlußwendungen des ersten und des zweiten Viertakters: b′-as′-d′ aus Takt 4 und g′-f′-c′ aus Takt 6–7. In Takt 11 setzt die »richtige« Schlußwendung an, der in Takt 7 ausgewichen wurde. Allein der Schlußton c′ ist noch ausgespart, dies ebenso wie die Art der harmonischen Fortschreitung mit dem Ziel, die Wiederholung des Themas so dicht wie möglich an seine Exposition anzuschließen. Erst in Takt 24 geht die Melodie »richtig« zu Ende. Aber auch schon in Takt 8 bis 12 ist unverkennbar, daß der dritte Viertakter den Umriß der ersten acht Takte zwar verkürzt, aber in rhythmischer Vergrößerung der übernommenen Motive nachzeichnet. So bildet er den gesamten Umfang, nämlich die Septe c′ bis b′, als auch den gestischen Umriß ab: Ausgreifen nach oben und langsames, stufiges Absinken.

Diese Momente: Umfang und Bewegungsrichtung, sind auch wesentlich in der Rückbeziehung der Coda (T. 151–163) zum Thema. Sie geht aus von dem synkopisch einsetzenden h′, das vom Übergang des

Hauptteils zum Trio (T. 52–53) übriggeblieben ist. In einem ersten Ansatz wird das Kopfmotiv des Hauptthemas mit seinem Schlußterzfall verbunden. Das Kopfmotiv ist hier in gleicher Weise vergrößert wie die analogen Motive im dritten Viertakter des Hauptthemas. Ebenso vergrößert sind die terzumspannenden Motive, die – wiederum von h′ ausgehend (vgl. T. 7–8) – nun den gesamten Septtonraum des Themas wie dieses zunächst in steigender, dann in fallender Hüllkurve abschreiten.

Abschließend sei noch auf zwei weitere Beziehungen innerhalb des Satzes hingewiesen, die auf der gleichen Folge von Intervallen beruhen. Sie sind ein weiterer Beleg dafür, wie weitgehend der Tonsatz bei Brahms rational organisiert ist – und das selbst in einem Satz, dessen einfache Wirkung kaum solche kompositorischen Feinheiten, solche kompositorische Bemühung vermuten ließe. Das Modell des kontrastierenden Mittelabschnitts im Hauptteil übernimmt die Tonfolge der ersten Phrase des Hauptthemas rückläufig; allein die Quinte ist um einen Halbton erniedrigt (im Notenbeispiel ist die Tonfolge dieser Phrase des Hauptthemas um einen Ganzton nach oben transponiert).

Und sogar das einfache Motiv, das als Hauptmotiv des kontrastierenden Mittelabschnitts im Trio mehrfach sequenziert wird, ist von der Tonfolge der ersten Phrase des Satzes abgeleitet; es übernimmt mit dem ersten, vierten, fünften und sechsten Ton die Ecktöne dieser Phrase (im

Notenbeispiel ist die Tonfolge der Vorlage nun um eine übermäßige Quinte nach oben transponiert).

Formübersicht

Hauptteil	T. 1– 53
Abschnitt a: Hauptthema (Vc.)	1– 12
Wiederholung des Hauptthemas (Vl. I)	13– 24
Abschnitt b: Kontrastierender Mittelabschnitt (Vl. I, Vc.)	24– 40
Abschnitt a′: Wiederaufnahme des Hauptthemas (Fl., Ob., Hn.)	41– 53
Trio	54– 98
Abschnitt c: Trio-Thema	54– 61
Wiederholung des Trio-Themas	61– 69
Abschnitt d: Melodisch gebundener, kontrastierender Mittelabschnitt	70– 78
Abschnitt c′: Trio-Thema	79– 86
Abschnitt d′: Zur Rückführung umgeformter Mittelabschnitt	87– 98
Reprise des Hauptteils	99–150
Abschnitt a: Hauptthema (Hn.)	99–110
Wiederholung des Hauptthemas (Ob.)	111–122
Abschnitt b: Kontrastierender Mittelabschnitt (Klar., Fg.)	122–138
Abschnitt a′: Wiederaufnahme des Hauptthemas (Vl. I, Vc.)	139–150
Coda	151–163

IV. *Allegro,* ¢-Takt, f-Moll, 309 Takte

Der IV. Satz stellt hinsichtlich der Anordnung der Themen und der harmonischen Anlage eine für Brahms typische Modifikation der

Sonatensatzform dar. Sie findet sich besonders häufig in Schlußsätzen mehrsätziger Kompositionen[100] und ist dadurch gekennzeichnet, daß die einzelnen Abweichungen wie Anspielungen wirken, sei es auf andere Formtypen – etwa die Rondosonate –, sei es auf abgestoßene Merkmale der Form aus einer älteren historischen Stufe – etwa auf die Wiederholung der Exposition in der Sonatenform –, sei es auf eine gänzlich individuelle Formgestaltung. Dennoch bleibt das differenzierte Formschema der Sonate als Folie, vor der sich alles andere abhebt, und als Grundlage der kompositorischen Gestaltung erhalten; der Satz jedoch gewinnt an individueller Charakteristik durch Einblendung anderer Form-Momente.

Der herkömmliche harmonische Plan in einem Sonatensatz geht aus von der Tonika im Hauptsatz der Exposition, wendet sich im Seitensatz zur Dominante (oder seltener zur Paralleltonart) und erreicht die Tonika erst nach der harmonischen Entwicklung der Durchführung am Beginn der Reprise wieder; in der Reprise wird auch der harmonische Gegensatz zwischen Haupt- und Seitensatz eingezogen, d. h. der Seitensatz und die anschließende Schlußgruppe stehen nun auch in der Tonika. Hinsichtlich des Seitensatzes stimmt der letzte Satz der 3. Sinfonie mit diesem harmonischen Plan überein: Er steht in der Exposition (T. 52–70) in der nach Dur aufgehellten Dominante, in der Reprise (T. 194–212) in der Dur-Tonika. Eine Abweichung dagegen bildet der Anfang der Durchführung: Er setzt ganz betont mit dem Hauptthema in der Tonika ein (T. 108 ff.). Ausgeführt ist hier – wie im I. Satz der 4. Sinfonie – eine »fausse reprise«, eine Scheinreprise. In ihr verschränken sich zwei Momente. Zum einen wird auf die ausgelassene Wiederholung der Exposition des Sonatensatzes angespielt; bruchlos wäre Takt 1 an Takt 107 anzuschließen[101]. Zum anderen aber ist hier auf die harmonische Disposition der Rondosonate (bzw. des Sonatenrondo) Bezug genommen, einer Form, die ein an Beethovens Musik geschulter Hörer im Schlußsatz einer Sinfonie am ehesten erwartet;

[100] vgl. etwa den letzten Satz der Klarinettensonate op. 120 Nr. 1, aber auch den I. und III. Satz der 4. Sinfonie op. 98

[101] In den Kopfsätzen der Sinfonien hat Brahms erst in der 4. Sinfonie auf die Wiederholung der Exposition verzichtet; dagegen entfällt dieses Relikt einer älteren Entwicklungsstufe der Sonatenform bei anderen Sinfoniesätzen, die der Sonatenform folgen, und in der Kammermusik zuweilen schon früher.

freilich läßt sich im weiteren Verlauf des Satzes kaum eine Übereinstimmung mit diesem Formtypus feststellen.

Daß aber die Tonika schon am Beginn der Durchführung erscheint, trägt zur Schwächung eines zentralen Punktes im formalen Ablauf bei: des Reprisenbeginns. Er zog seine Bedeutung aus zwei Momenten: aus der Wiedergewinnung des Hauptthemas in seiner vollständigen Gestalt und aus dem Wiedererreichen der Tonika nach der harmonischen Entwicklung in der Durchführung. Auch wenn die Harmonik seit Beethoven schon erheblich an Bedeutung als formbildendes Element verloren hatte, so wirkte dennoch das Erscheinen der Tonika am Beginn der Durchführung eines Sonatensatzes als Vorwegnahme des Reprisenbeginns, und umgekehrt verlor der Reprisenbeginn an Gewicht. Neben dieser Schwächung der Reprisenwirkung im harmonischen Bereich ist in den Sonatensätzen von Brahms oft zu beobachten, daß der Reprisenbeginn auch im thematischen Bereich bewußt umgangen wird. Brahms bedient sich dazu vor allem zweier Verfahren. Um die Reprise gleichsam unmerklich eintreten zu lassen, wird ihr Beginn verschleiert, wird verdeckt durch andere Schichten des Tonsatzes, wird unkenntlich gemacht durch extreme Verlangsamung der Bewegung[102]; oder aber Brahms läßt Themateile oder ganze Themen vom Anfang der Exposition aus, beginnt also die Reprise nicht mit dem Anfang der Exposition, sondern an einer späteren Stelle[103]. Letzteres ist auch im Finale der 3. Sinfonie der Fall. Brahms läßt die Reprise in Takt 172 mit der zur Überleitungsgruppe verarbeiteten Wiederaufnahme des Hauptthemas einsetzen (vgl. die Formübersicht), läßt also das Hauptthema selbst und den kontrastierenden Mittelabschnitt des Hauptsatzes aus.

So aber läßt sich die formale Anlage des Satzes auch als ganz individuelle beschreiben: als zweimaliger vollständiger Ablauf der gleichen Folge von Abschnitten mit einer Coda, die diese Folge nochmals beginnt. Tatsächlich verbreitern die beiden Durchführungsabteilungen lediglich die beiden ersten Expositionsabschnitte (Hauptthema und kontrastierender Mittelabschnitt), und beim Reprisenbeginn wird an den dritten Abschnitt der Exposition (Überleitungs-

[102] vgl. den I. Satz des Streichquartetts op. 51 Nr. 1, T. 133 ff. oder den I. Satz der 4. Sinfonie op. 98, T. 246 ff.

[103] vgl. den III. Satz der 4. Sinfonie, wo die Reprise erst mit dem 3. Abschnitt des Hauptthemas einsetzt, oder den letzten Satz der Klarinettensonate op. 120 Nr. 1, wo die Reprise mit dem Seitensatz beginnt.

gruppe) angeschlossen. Und auch die Coda bezieht sich im 1. Abschnitt auf das Hauptthema, im 2. auf den Choral des kontrastierenden Mittelabschnittes; der letzte Abschnitt der Coda hat über den Satzzusammenhang hinausgreifende Bedeutung; er rundet die Sinfonie ab durch die Wiederaufnahme des Anfangs am Ende.

Über die Gestalt des Seitenthemas (T. 52 ff.) und des Themas im kontrastierenden Mittelabschnitt (T. 18 ff.) wurde bereits an anderer Stelle gesprochen[104]. Das Seitenthema spielt für die Verarbeitung innerhalb des Satzes kaum eine nennenswerte Rolle; es besetzt lediglich prägnant den formalen Ort innerhalb der Sonatenform und repräsentiert in seinem strahlenden Dur den Gegenpol zum Charakter des Hauptthemas. Zu erwähnen allerdings ist eine Passage, der Anfang der Coda (T. 252 ff.), wo auf das Seitenthema angespielt wird: Durch die einfache rhythmische Glättung in Vierteltriolen gelingt es Brahms, das Hauptthema in die Nähe des Seitenthemas zu rücken. Die Verarbeitung des choralartigen Themas aus dem kontrastierenden Mittelabschnitt nimmt zwar großen Raum ein, beschränkt sich jedoch im wesentlichen auf ein Verfahren: auf die von der Wiederholung des Anfangsauftaktes abgeleitete Multiplikation seiner Einzelphrasen.

Vielfältig dagegen ist die Verarbeitung des Hauptthemas: Einzelteile werden abgespalten und sequenziert, neue Motive aus Eck- oder Gerüsttönen gebildet, das Thema erscheint in anderer Beleuchtung etc. Zu erwähnen ist namentlich eine Passage der Schlußgruppe, in welcher der Anfang des Hauptthemas erst in der Reprise als Baßkontrapunkt hinzutritt (vgl. T. 240 ff. und T. 98 ff.). Ein Vergleich der Baßlinien dieser Parallelstellen mit jenen in Takt 75–79 bzw. 217–221 könnte Anlaß sein, das subtile Verfahren von Brahms, mit intervallischen Gestalten zu arbeiten, zu studieren – was hier zu weit führen würde.

Hauptthema

[104] vgl. S. 197 und 196

Formübersicht

Exposition	T. 1–108
Hauptsatz	1– 52
Hauptthema	1– 8
Wiederholung des Hauptthemas (mit Dehnungen im Vordersatz und Stimmtausch im Nachsatz)	9– 17
Kontrastierender Mittelabschnitt	18– 29
Zur Überleitungsgruppe verarbeitete Wiederaufnahme des Hauptthemas	30– 52
Seitensatz (Dominante)	52– 70
Seitenthema	52– 62
Modulierende Fortspinnung des Seitenthemas	62– 70
Schlußgruppe	70–108
Durchführung	108–171
1. Abteilung: Verarbeitung des Hauptthemas	108–148
2. Abteilung: Verarbeitung des kontrastierenden Mittelabschnitts im Hauptsatz	149–171
Reprise	172–250
Hauptsatz	172–194
Wiederaufnahme des Hauptthemas und Überleitungsgruppe (variiert T. 30–52)	172–194
Seitensatz (Tonika), entsprechend T. 52–70	194–212
Schlußgruppe, entsprechend T. 70–108	212–250
Coda	250–309
1. Abschnitt: Verarbeitung des Hauptthemas (Kernmotiv des I. Satzes in T. 273–274 und 277–278)	250–280
2. Abschnitt: Verarbeitung des kontrastierenden Mittelabschnittes im Hauptsatz	280–296
3. Abschnitt: Kernmotiv des I. Satzes, kontrapunktiert vom Kopfmotiv des Hauptthemas im IV., (T. 297–301) bereitet die geglättete Wiederaufnahme des Hauptthemaanfangs aus dem I. Satz vor (T. 301–309)	297–309

Interpretation des Werkes

Die 3. Sinfonie zeigt beispielhaft den historischen Standort ihres Komponisten. Er ist gekennzeichnet von dem Bemühen, nach dem Zurücktreten der Harmonik als hauptsächliches formbildendes Element eine Ebene zu entwickeln, auf der Form im emphatischen Sinne, Geschlossenheit und Individualität des Kunstwerkes erreicht werden kann.

Als die Sonatenform, die zentrale Form des 19. Jahrhunderts, entstand, war die harmonische Anlage das tragende Element des formalen Zusammenhangs: Der harmonische Gegensatz zwischen Haupt- und Seitensatz in der Exposition war der Ausgangspunkt für die Entwicklung in der Durchführung, die zur Lösung des Gegensatzes in der Reprise führte – nicht etwa der Gegensatz der Themen. Nach Beethoven jedoch verlor die Harmonik mehr und mehr die Bedeutung als zentrale formbildende Ebene: Wichtig für die Formbildung wurde zunehmend die Entwicklung und Variation von Themen und Motiven, das Konfrontieren von gegensätzlichen motivischen Gestalten und ihre Vermittlung.

Zeitlich parallel zum Zurücktreten der Harmonik als wesentliches formbildendes Element breitete sich die motivisch-thematische Arbeit, die im Beethovenschen Sonatensatz noch ihren festen Platz in der Durchführung hatte, auf alle Teile der Form aus. Für Beethovens Sonatensätze charakteristisch ist der prinzipielle Unterschied zwischen den »fest gefügten« Teilen Exposition und Reprise auf der einen Seite, in denen durchgebildete Themen aufgestellt bzw. wiederaufgenommen werden, und den »locker gefügten« Teilen Durchführung und Coda auf der anderen, für die die motivisch-thematische Verarbeitung bestimmend ist. Dieser prinzipielle Unterschied reduzierte sich auf einen graduellen; auf den zwischen geringerem und größerem Anteil an motivisch-thematischer Arbeit.

Brahms trieb diese Entwicklung mit Entschiedenheit voran; und er modifizierte damit die Sonatenform – wie im I. und IV. Satz der 3. Sinfonie gezeigt – nicht unerheblich. Denn je mehr er die motivisch-thematische Arbeit auf alle Teile des Satzes übertrug, desto mehr wurde auch der Unterschied zwischen den Formteilen hinsichtlich ihrer formalen Funktion berührt. Die Durchführung z. B. war bei Beethoven ein Feld der Zersplitterung der exponierten Themen, die – freilich getragen von der harmonischen Entwicklung – ihre dynamische Zielrichtung auf die Wiederherstellung der thematischen Gestalten in der Reprise hatte; sind nun aber die Formteile hinsichtlich der Aufgelöstheit bzw. Festigkeit nur graduell unterschieden, so verliert diese Zielgerichtetheit einen wesentlichen Impuls.

Um aber Geschlossenheit der Form, Beziehungsreichtum und Einheitlichkeit zu erreichen, wandte sich Brahms einer Ebene zu, die zuvor kaum je so im Vordergrund des kompositorischen Interesses gestanden hatte; er durchzog den Tonsatz mit einem Netz von Beziehungen, die auf der Grundlage motivisch-thematischer Vermittlung entstanden. Man kann sagen, daß er die entwickelnde Variation zu einem ersten Höhepunkt geführt hat. Sein spezifisches Verfahren geht aus von der Gleichheit oder Ähnlichkeit der melodischen Gestalten, oder genauer: von der Übereinstimmung der intervallischen Konstellation, die freilich durch Verschiebungen im Detail modifiziert werden kann. Die Zusammenhang stiftende Kraft der Motive wird nicht mehr vor allem in der rhythmischen, sondern in ihrer intervallischen Gestalt gesehen.

Hier wird die zentrale Differenz zu Beethovens durchführender Arbeit deutlich. Letztere beruht wesentlich auf der rhythmischen Qualität der Motive und auf der harmonischen Zielstrebigkeit der Durchführungsmodelle und zielt vorab auf den dynamischen Fortgang der Musik in der Zeit. Zwar schließt Brahms' Verarbeitungstechnik solche dramatischen Entwicklungen nicht aus; sie sind aber nur eine von vielen Verlaufsformen der Musik, innerhalb derer sich die motivisch-thematische Integration entfalten kann – das Verfahren von Brahms bedingt weder eine bestimmte Verlaufsform in der Zeit noch eine bestimmte Formkonzeption. Dennoch ist in seinen späten Werken zu beobachten, daß Brahms mehr und mehr auf so handgreifliche dramatische Entwicklungen verzichtet, wie sie kennzeichnend sind für Beethovens Sonatensatzdurchführungen. Solchen Entwicklungen kommt nur noch eine Bedeutung innerhalb einzelner Abschnitte zu, sie haben aber keine die Gesamtform bestimmende Funktion mehr. Entscheidend für die Form wird die Gliederung in klar voneinander abgehobene Abschnitte, die sich mehr gemäß einem architektonisch statischen Formprinzip zusammenfügen als gemäß dem Prinzip der Entwicklung.

Während also bei Beethoven für die durchführende Arbeit, für die dynamische Entwicklung besonders in der Durchführung des Sonatensatzes allem voran der rhythmische Impuls der Motive entscheidend war, verschiebt sich bei Brahms die Ebene, auf der Form, auf der

Brahms um 1880

Zusammenhang gestiftet wird, immer mehr in den Bereich der Intervalle, der intervallischen Konstellation der Themen und melodischen Gestalten. Dafür gibt die 3. Sinfonie deutliche Beispiele, auf die besonders hinsichtlich von Verbindungen der Sätze untereinander und von Beziehungen innerhalb des III. Satzes eingegangen wurde.

Besonders aufschlußreich ist der Vergleich zwischen den Anfängen von Beethovens 5. und Brahms' 3. Sinfonie. In beiden geht dem Hauptthema – wenn man so will – ein Motto voraus. Während dieses bei Beethoven aber in erster Linie rhythmisch prägnant ist – und auch vor allem dadurch den Satz bestimmt –, so sind die ersten drei Takte bei Brahms allein in der intervallischen Gestalt formuliert – Rhythmus und Metrum bleiben noch ausgespart.

Eine Musik jedoch, in der der dynamische Impuls rhythmischer Motive zugunsten gleichsam subkutaner Beziehungen der Intervalle zurücktritt, gewinnt zwar auf der einen Seite an feinsinniger Ausarbeitung des Details, verliert aber auf der anderen an extrovertierter Schlagkraft, die ein wesentliches Moment des Begriffs Sinfonie war. Das Hervorkehren des Artifiziellen und die introvertierte Haltung einer Musik, die sich an einen kleinen Kreis von Kennern richtet, war vielmehr ein Kennzeichen von Kammermusik im 19. Jahrhundert. Hier wird begreiflich, warum die Brahmsschen Sinfonien so häufig in die Nähe von Kammermusik gerückt werden. *Die Behauptung,* so schreibt Carl Dahlhaus, *daß Brahms sogar in symphonischen Werken eigentlich Kammermusik geschrieben habe, ist zwar eine Übertreibung, aber eine durchaus verständliche; denn eine nach innen gekehrte Musik, die eher zur Zurücknahme neigt, als daß sie zur Emphase drängt, ist kaum vereinbar mit den Prinzipien einer Gattung, die nach Paul Bekker ihrer Idee erst gerecht wird, wenn sie sich an ein Massenpublikum, eigentlich an die Menschheit insgesamt wendet*[105].

Für die historische Wirksamkeit der Kompositionen von Brahms jedoch sind seine Verfahren der motivisch-thematischen Vermittlung, die Sinfonien und Kammermusik in gleicher Weise umgreifen, von zentraler Bedeutung. An sie knüpfte Arnold Schönberg an – auch er ein am ehesten der Kammermusik verpflichteter Komponist. Die motivische Arbeit in seinen Kompositionen ist nicht allein als technische Verfahrensweise unmittelbar von Brahms abzuleiten, sondern auch hinsichtlich ihrer Funktion als primäres Element der Formbildung.

[105] Dahlhaus: *Brahms und die Idee der Kammermusik* a.a.O.

Literaturhinweise

Wie schon bei den Ausführungen über die Rezeption erwähnt, wird die 3. Sinfonie zumeist in der Reihe der vier Brahmsschen Sinfonien betrachtet, selten also allein mit dem Blick auf ihre Gestalt als individuelles Kunstwerk. Das kann auch an der unten genannten Literatur abgelesen werden. Dabei wird die Sinfonie überwiegend in einem allgemeineren Zusammenhang behandelt, d. h. ohne die gezielte Absicht, das Verständnis dieses individuellen Werkes zu fördern. In der folgenden Liste sind ausschließlich solche Schriften angeführt, die konkret und ausführlich auf die 3. Sinfonie eingehen.

Klein, Rudolf: *Die konstruktiven Grundlagen der Brahms-Symphonien,* in: *Österreichische Musikzeitschrift* XXIII, 1968, S. 258–263

Mitschka, Arno: *Der Sonatensatz in den Werken von Johannes Brahms,* Gütersloh 1961

Urbantschitsch, Viktor: *Die Entwicklung der Sonatenform bei Brahms,* in: *Studien zur Musikwissenschaft* 14, Wien 1927, S. 265–285

Tovey, Donald Francis: *Essays in Musical Analysis,* Volume I Symphonies, London 1935

Diskographie (Auswahl)

Der Bielefelder Katalog 1979 führt 22 im Handel verfügbare Schallplattenaufnahmen auf, davon neun in Kassetten, die sämtliche vier Sinfonien von Brahms umfassen.

Herauszuheben aus dem so reichen Angebot sind die Aufnahmen unter Furtwängler, Walter und Klemperer. Von Furtwängler liegen zwei Aufnahmen vor; sie ermöglichen den Vergleich zwischen den Wiener und Berliner Philharmonikern im ersten Nachkriegsjahrzehnt. Ebenso wie Furtwängler gehört Bruno Walter zu den Dirigenten, die die Liebe zum Detail, zum Ausspielen, langsame Tempi bevorzugen läßt; freilich legt Walter mehr als wohl alle anderen tiefere Schichten der musikalischen Struktur frei, deckt versteckte Detailbeziehungen auf. Die Vermittlung jedoch zwischen der prägnanten Zeichnung des Details und dem Zusammenfassen größerer Formzusammenhänge ist wohl Klemperer am ehesten gelungen; Plastizität und langer Atem zeichnen seine Aufnahme aus.

Aufnahmen innerhalb von Kassetten mit allen vier Sinfonien:

Böhm/Wiener Philharmoniker
Furtwängler/Wiener Philharmoniker
Karajan/Berliner Philharmoniker
Kempe/Münchener Philharmoniker
Klemperer/Philharmonic Orchestra London
Maazel/Cleveland Orchestra
Walter/Columbia Symphony Orchestra

Aufnahmen auf Einzelplatten:

Abbado/Staatskapelle Dresden
Böhm/Wiener Philharmoniker
Furtwängler/Berliner Philharmoniker
Karajan/Berliner Philharmoniker
Keilberth/Bamberger Symphoniker
Kempe/Münchener Philharmoniker
Klemperer/Philharmonic Orchestra London
Mengelberg/Concertgebouw Orchester Amsterdam
Reiner/Chicago Symphony Orchestra
Szell/Cleveland Orchestra
Toscanini/NBC Symphony Orchestra